U0010962

舊金山

自助超簡單

郭芷婷 (Natalie Kuo) 文‧攝影

FISHERMANS WHARF OF SAN FRANCISCO

賞灣區美景與市鎮多國文化、逛六大購物聖地、到納帕酒莊與城堡品紅酒、精彩玩盡舊金山特殊節慶！

Contents

作者序　將心遺留在舊金山　　4

Part 1　基本概念 & 行前準備　　6

1. 五分鐘認識舊金山　　8
舊金山小檔案／十八世紀：發現舊金山／十九世紀：加州淘金潮／二十世紀初：舊金山大地震 & 全市大火／二十世紀初：萬國博覽會 & 黃金建設期／二十世紀中：嬉皮文化 & 同志運動／二十一世紀：科技淘金潮

2. 準備文件　　14
晶片護照／旅行授權電子系統

3. 規劃旅費　　16
美金幣值匯兌／購物付款方式／直飛航班資訊

4. 旅遊須知　　18
當地氣候概況／危險警戒區域

Part 2　出入境 & 市區交通　　20

1. 出境臺灣　　22
飛航行李規定／禁止攜帶物品／自助報到劃位／快速電子通關

2. 入境美國　　24
機場入境流程

3. 機場到市區　　25
舊金山國際機場／灣區捷運／SamTrans 公營接駁巴士／SuperShuttle 私營接駁車／機場計程車

4. 舊金山市區交通　　28
輕軌電車 & 公車／叮噹車／軌道街車／交通票券種類與購買／市區計程車／當地租車／自行車共用／實用 APP 下載

Part 3　住宿規劃　　38

舊金山住宿概況　　40
自助訂房網站／近車站／景點旁／價位低

Part 4　舊金山十大景點區　　48

1. 漁人碼頭區　　50
45 號漁人碼頭／39 號碼頭／USS 潛水艇／O'Brien 自由輪／海德街碼頭／吉瑞德利廣場／惡魔島／美景咖啡館／阿甘蝦餐廳／阿里奧圖海鮮湯鍋／螃蟹之家／波丁麵包／左撇子之家

2. 金融區 & 內河碼頭區　　63
渡輪大廈／渡輪大廈農夫市集美食特選／海灣大橋／富國運通博物館／泛美金字塔／舊金山鐵路博物館／Local Edition／Eatsa／La Fusion／La Mar／Chaya Brasserie／希思陶器／T-We Tea／笑點俱樂部

3. 中國城 & 北灘區　　74
中國城牌坊／古聖瑪麗教堂／天后古廟／花園角廣場／華盛頓廣場公園／聖彼得保羅大教堂／城市之光書店／傑克凱魯亞克巷／科伊特塔／九曲花街／西洋鏡餐廳／臭玫瑰大蒜餐廳／維蘇威歐酒館／南京小館／嶺南小館／好旺角飽餅店

4. 下城區　　85
芳草地花園／兒童創意博物館／猶太博物館／舊金山現代美術館／非洲裔歷史博物館／AT&T 巨人隊球場／Samovar Tea Lounge／The Grove／Zero Zero／Alexander's Steak House／Chrome Industries／Little Skillet

5. 市政中心區　　94
市政廳／戰爭紀念歌劇院／亞洲藝術博物館／戰爭紀念表演藝術中心／戴維斯交響音樂廳／Dottie's True Blue Cafe／Brenda's French Soul Food／藍瓶咖啡／費爾茲咖啡／Mr. Tipple's Recording Studio

6. 卡斯楚區 & 教會區 　104
彩虹旗 & 哈維米克廣場／卡斯楚觀光街／卡斯楚戲院／巴米巷壁畫／克萊里恩巷壁畫／
仕女大樓／杜樂莉絲公園／利蒙秘魯烤肉／坎昆墨西哥餐點鋪／哈維紀念餐廳／船錨生
蠔吧／Orenchi Beyond ／ Kitchen Story

7. 日本城 　115
和平五重塔／日本城購物中心／聖瑪麗大教堂／阿拉莫廣場公園／Udon Mugizo ／
YakiniQ Cafe

8. 貴族山 　120
四大富豪飯店／杭廷頓公園／格雷斯大教堂／叮噹車博物館／福爾摩斯先生烘培屋

9. 濱海要塞區 　127
金門大橋／索薩利托藝術鎮／藝術宮／貝克海灘／梅森堡草地公園／ Patxi's 深盤披薩／
The Dorian

10. 金門公園 　134
史托湖 & 草莓山／日本茶園／莎士比亞花園／加州科學博物館／迪揚美術館／荷蘭風車
& 鬱金香花園／溫室花園／ Beach Chalet Brewery & Restaurant ／懸崖屋 & 古蘇特浴場

Part 5　舊金山六大購物區 　144
1. 聯合廣場商圈 　146
叮噹車總站／舊金山遊客中心／聯合廣場／西田複合購物商場／百貨四巨頭／ Williams
Sonoma ／ DSW ／ Gump's ／ Diptyque ／起士蛋糕工廠

2. 瓦倫西亞購物街 　155
826 Valencia ／ Weston Boutique ／ Fellow Barber ／ Density ／ Tacolicious

3. 嬉皮區購物街 　160
Piedmont Boutique ／ Goorin Brothers Hat Shop ／ Loved to Death ／ Haight Ashbury
T-Shirts ／ Amoeba Music ／ Pork Store Cafe

4. 聯合 & 栗子購物街 　164
八角屋／ Sprout ／ Covet ／ Sur La Table ／ Lululemon Athletica ／ Chubbies ／ Roam
Artisan Burgers

5. 霽爾摩購物街 　169
Margaret O'Leary ／ Joie ／ Gallery of Jewels ／ Pizzeria Delfina ／ b. patisserie

6. 海斯谷購物街 　174
Sean ／ Acrimony ／ Aether Apparel ／ Gimme Shoes ／ Ritual Coffee ／同位素漫畫吧

Part 6　納帕酒鄉 　180
1. 納帕酒鄉 　182
前進納帕

2. 七家特色酒莊 　185
葛吉奇希爾斯酒莊／愛之堡酒莊／蒙大維酒莊／蛙躍酒莊／薩圖伊酒莊／爐邊酒莊／
史特林酒莊

3. 納帕另類玩 　192
高空熱氣球／品酒列車／ Napa Premium Outlets ／老實噴泉

Part 7　全年瘋節慶 　194
舊金山節慶匯總 　196
2 月：農曆新年大遊行 & 中國城街頭博覽會／ 3 月：聖派翠克遊行與嘉年華／ 4 月：日本
城櫻花季與大遊行／ 5 月：越灣變裝馬拉松／ 6 月：同性戀大遊行／ 7 月：費爾摩爵士
音樂節／ 8 月：境外之土夏日音樂節／ 9 月：索薩利多藝術節／ 9 月：福森街成人嘉年
華／ 10 月：藍草音樂節／ 10 月：海軍艦隊週

附錄 　203
實用資訊／緊急應變對策

將心遺留在舊金山

「我的心遺留在舊金山，呼喚著我隨叮噹車攀升到星空下。

我的愛在舊金山等候，遠在那蔚藍多風的海上。

當我回到你身邊，舊金山啊，你那金色陽光將為我閃耀。」

Tony Bennett, "I Left My Heart in San Francisco", 1961.

時至今日，東尼班奈特《我的心遺留在舊金山》這首經典名曲，仍唱出無數旅人對這座太平洋灣岸之城的情感共鳴。舊金山，美國最受歡迎的觀光城市之一，每年吸引超過 1,650 萬名遊客前來度假悠遊。若問，舊金山擁有著何種迷人魔力，能讓旅人反覆醉心、緬懷不已？我想，很難只給一個答案。

過去兩個世紀，舊金山交織在由世界各地懷抱著夢想而來的移民歷史與文化中，即使不若美國東岸的城市古老，卻蘊藏著成熟而複雜的人文情緒，醞釀出兼容並蓄的多樣性。多樣性，讓舊金山風情萬種，不僅人文如此，景色也如此。在這裡，能搭乘百年古老的街車穿越現代摩天樓，前往海鷗翱翔的碼頭灣邊，靜靜體會浪漫又宏偉的大橋美景。或者，躍上世界僅存的叮噹車，馳騁於綿延起伏的山丘上，細數色彩繽紛的維多利亞式古典木屋。然後，參與完一年四季數不清的熱鬧嘉年華會後，飢腸轆轆地徘徊在加州海鮮、墨西哥捲餅、祕魯醃魚、滇緬滋味、印度咖哩、日本拉麵，或是義式風情外難以選定。在這裡，不會感受到大城市街頭盛裝打扮、品頭

論足的壓力，嬉皮的精神讓所有人都能隨意做自己。

　　旅居舊金山邁入第五年，我仍時常為此城市的變化多端與蓬勃活力驚奇不已，彷彿永遠像個初次踏上這塊土地的旅人，享受著這半島上無與倫比的風景、文化交融的美食，參與在城市不同角落中，推陳出新上演著的新鮮事。

　　感謝華成圖書，給我機會將風貌如此多樣的舊金山記錄下來。謝謝全程支持我的老公 Michael，謹以此書紀念兩人新婚後移居舊金山的生活新樂章。

　　更要謝謝一直以來默默關愛《舊金山自助超簡單》一書、與《舊金山 · 輕生活》臉書專頁的讀者們！因為你們的支持，《舊金山自助超簡單》才能有幸邁向第三刷、並重新改版。2017 年，全新的《舊金山自助超簡單》，涵括更多新景點、新餐廳、新資訊，致力將不停演變的舊金山最新容貌，分享給更多的讀者們。

　　最後由衷地希望這本書，能陪伴您初次或再次體驗舊金山，在這座令無數旅人興嘆嚮往的美麗城市中，創造出「屬於你自己的」珍貴回憶！然後深深地，將心遺留在舊金山。

郭芷婷

PART 1 基本概念 & 行前準備

1 旅遊須知

2 規劃旅費

3 準備文件

4 五分鐘認識舊金山

五分鐘認識舊金山

舊金山小檔案

州屬：美國西岸加利福尼亞州（California）

人口：約 86 萬 5 千人

面積：121 平方公里

地形：半島三面環水

氣候：涼夏型地中海型氣候

年均溫：11 ～ 18℃

種族：白人 53.6%、亞洲 35.3%、拉丁美洲 15.3%、非裔美洲 5.7%、原住民 0.8%、雙血統以上 4.2%

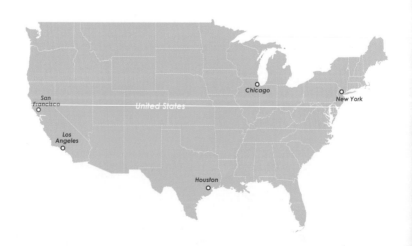

十八世紀：發現舊金山

受到濃霧雲集的巧妙掩飾，舊金山直至 18 世紀中期，仍是個與世隔絕的原住民遊牧半島。1769 年，西班牙探險家賈斯伯波多拉（Gasper de Portolà）在陸路探險時意外發現金門海峽，1775 年 8 月 5 日，由璜曼紐阿亞拉（Juan Manuel de Ayala）領軍的西班牙海軍艦隊才首度成功駛進舊金山灣。隔年 3 月，首批西班牙殖民踏上半島，在金門海峽口建立軍事要塞區（Presidio）、並於內陸成立聖方濟會教會區（Mission Dolores），向部落原住民們傳播宗教信仰，維持著村莊部落的小社會。1821 年，墨西哥脫離西班牙獨立，舊金山成為墨西哥領土，全面開啟國際貿易，吸引捕鯨商船和商人往來交易。

十九世紀：加州淘金潮

舊金山歷史發展的轉戾點發生於 1848 年。除了正式成為美國屬地，1 月 24 日，木匠詹姆士馬歇爾（James Marshall）在加州東北方的蘇特磨坊（Sutter Mill）附近溪流中，意外發現金礦。消息一傳開，來自各州的淘金者蜂擁而至舊金山，隔年，城市人口由八百人瞬間暴增為兩萬人，隨後七年，更有多達三十萬的淘金移民從世界各地來到加州追尋美國夢。據美國地質調查局統計，淘金潮前五年共開採出 1,200 萬盎司的黃金，約為市價 160 億美金。這些被稱為 49ers 的淘金者和搭上淘金周邊商機的商人們迅速致富，帶動了土地開發、城市貿易和交通運輸發展。著名的波丁酸麵包（Boudin）、吉瑞德利巧克力（Ghirardelli）、Levi's 牛仔褲、富國銀行與小馬快遞（Wells Fargo）等，皆乘著十九世紀的舊金山淘金浪潮，奠定了商業王朝。

1869 年，美國第一條橫貫大陸鐵路：太平洋鐵路（Pacific Railroad）完工，連接舊金山灣東邊的奧克蘭市（Oakland），直至內布拉斯加州的奧馬哈市（Omaha），促使舊金山與美國其他城市的跨州貿易迅速倍增。舊金山安居樂業的富商們開始於城市內興建起大量的維多利亞式豪宅，城市昌繁興盛，充滿著欣欣向榮的生機。

二十世紀初：舊金山大地震 & 全市大火

　　1906 年 4 月 18 日凌晨 5 點 12 分，突如其來的劇烈搖晃震醒了睡夢中的舊金山人。這場芮氏規模高達 8.25 的大地震，源自北加州聖安德烈斯斷層（San Andreas Fault），不僅使舊金山市建築如紙牌坍塌、路面鐵軌扭曲變形，更造成市區地下水管和天然氣總管線嚴重爆裂。蔓延的大火竄燒舊金山市約 490 個街口，火海橫燒了四天四夜才平息。史無前例的超級地震與大規模火災的摧殘下，使得舊金山市高達 80% 的區域瞬間變成瓦礫殘骸，逾 28,000 棟房屋嚴重毀壞，死傷慘重。當年城市總人口 40 餘萬中，約 25 ～ 30 萬人因而無家可歸，嚴重的災情促使美國軍方緊急動員，派遣部隊協助難民於金門公園、沿海等區搭建臨時帳篷與木屋、輸入糧食物資。

　　舊金山大地震殘酷地將這座當時美國西岸最大的城市樞紐夷為廢墟，卻沒有摧毀舊金山居民重建家園的信心。災後重建的腳步從未因悲悼哀傷而

放緩，市政府迅速祭出城市重整計畫：建造規模更大的漁人碼頭、興建 MUNI 電車與地下鐵道系統、拓寬市區街道、打造富麗堂皇的巴洛克風格市政中心⋯災後六年，更爭取到舉辦「1915 年巴拿馬太平洋萬國博覽會」（The 1915 Panama-Pacific International Exposition）的機會，急欲展現浴火重生的舊金山。

二十世紀初：萬國博覽會 & 黃金建設期

　　1915 年 2 月 20 日，巴拿馬太平洋萬國博覽會於舊金山市的濱海區隆重登場。這場原意為歡祝連接太平洋與大西洋的巴拿馬運河通航慶典，成為舊金山全體市民向世界呈現「嶄新舊金山」的絕佳機會。為此，市政府將濱海區泥濘的潮沼，大規模填土整成地 630 英畝、平坦寬闊的新生地。由梅森堡往西至金門海峽沿岸，興建起美輪美奐的展覽館，並以長達七十五公里的參觀步道相互連接，展演出包括汽車、飛機、電話、電影等當時世界最新科技，以及璀璨的珠寶與藝術品收藏，令前來參與的世界三十一國、兩千萬名遊客驚艷不已。

　　巴拿馬太平洋萬國博覽會的成功與氣勢，一舉將舊金山推進二次世界大戰前的「黃金建設時期」。舊金山國際機場、海灣大橋、金門大橋等深具歷史意義的重要交通樞紐紛紛竣工。城市裡，美術館、博物館、歌劇院陸續興起，陶冶著此城市的藝術與文化意識，引領著舊金山邁向新世紀。

二十世紀中：嬉皮文化 & 同志運動

　　隨著 1945 年二次世界大戰結束，美國青年捲起了強烈的反戰情緒。自由主義掛帥的年輕詩人與作家們聚集來舊金山北灘區，以顛覆傳統、嘲諷當代，且極盡隨性的文學和生活態度，抒發對美國社會當權者的不滿，被稱為

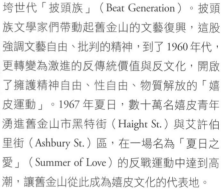

垮世代「披頭族」（Beat Generation）。披頭族文學家們帶動起舊金山的文藝復興，這股強調文藝自由、批判的精神，到了 1960 年代，更轉變為激進的反傳統價值與反文化，開啟了擁護精神自由、性自由、物質解放的「嬉皮運動」。1967 年夏日，數十萬名嬉皮青年湧進舊金山市黑特街（Haight St.）與艾許伯里街（Ashbury St.）區，在一場名為「夏日之愛」（Summer of Love）的反戰運動中達到高潮，讓舊金山從此成為嬉皮文化的代表地。

　　同年代於舊金山逐漸醞釀的，還包括同性戀人權意識的崛起。淘金時期以來，冒險犯難的精神便已深植舊金山；而垮世代披頭族宣揚的自由價值，更使得此城市對於異文化持有較高的包容度。二次世界大戰結束，數千名同性戀軍官當下被美國軍方除役、放逐於舊金山灣港口，隨後定居於卡斯楚區。1964 年，舊金山被媒體稱為「同性戀首都」（Capital of the gay world）；1970 年，第一屆同性戀大遊行「Gay-In」於金門公園舉行；1977 年，譽有「卡斯楚街市長」的哈維・米克（Harvey Milk）更當選舊金山市監察委員，成為美國第一位以同性戀身分成功參政的政治家，讓同性戀族群深獲鼓舞。不幸的是，哈維米克在隔年便遭槍殺身亡，此悲劇促使同性戀人權意識憤而更加高漲，奠定了舊金山成為捍衛同性戀人權的先鋒地位。

二十一世紀：科技淘金潮

1990 年代末期，資訊科技與網路商機興起，網路創業家和新電子商務公司聚集舊金山，改變了城市人口與產業樣貌。2010 年網路泡沫化，下城區（SOMA）一夕間由科技雅痞天堂沒落如同死城。歷經三年的大蕭條，科技創業家捲土重來，舊金山復甦為網路科技發燒地。熱門科技公司，如 Twitter、Uber、Airbnb、Yelp、Pinterest 等陸續在舊金山市中心成立企業總部，小型新創公司也如雨後春筍般冒出，吸引了懷抱新一代「科技淘金」夢想的青年們，從世界各地湧入，探索新的成功模式。這波二十一世紀的科技淘金潮，牽動了舊金山整體灣區經濟快速發展，人口邁向年輕化、多元化，賦予城市前所未見的蓬勃生命力。

準備文件

　　2012 年 11 月 1 日起，美國正式開放臺灣人民（具中華民國國民身分證統一編號）免簽證觀光或商務旅行 90 天。即便如此，旅遊前仍需備齊：（1）我國有效期限半年以上之新版晶片護照，（2）取得「旅行授權電子系統」（ESTA）許可，才能獲准通關。旅行時，請將旅遊相關證明文件一併備妥，提供美國移民官抽檢查驗。例如，若旅行目的為度假觀光，可列印出旅館訂房記錄、回程機票；洽公的商務旅客，則可出示研討會證件、公司邀請函等資料備查。

晶片護照

　　仍持有舊版非晶片護照之旅客，須在行前更換為晶片護照，才能符合美國免簽規定：

	首次申請晶片護照	舊護照換發晶片護照
攜帶文件	1. 新式國民身分證正本，以及正、反面影本各一份。 2. 六個月內拍攝之白底彩色二吋半身正面相片兩張。 3. 普通護照申請書。	1. 新式國民身分證正本，以及正、反面影本各一份。 2. 六個月內拍攝之白底彩色二吋半身正面相片兩張。 3. 普通護照申請書。 4. 舊護照。
相片規格	45mm × 35mm，光面白色背景、不含邊框之護照專用規格。拍照時需嘴巴閉合、露耳脫帽，且勿配戴粗框眼鏡或有色鏡片。	
申請地點	本人親至外交部領事事務局或外交部中、雲嘉南、南、東辦事處辦理。各辦事處地址詳見外交部領事事務局網站：boca.gov.tw	

	首次申請晶片護照	舊護照換發晶片護照
服務時間	週一至週五 8:30am ～ 5:00pm（中午不休息、週三延長受理至 8:00pm），國定例假日不受理。	
申請費用	新臺幣 1,300 元。一般約 4 ～ 5 個工作天後領照。	
附註	以上規範僅適用年滿 14 歲之一般人民。未滿 14 歲、接近役齡或役齡男子、國軍人員、僑民等其他身分之詳細規範，請參考外交部領事事務局網站：boca.gov.tw	

Tips

如何分辨護照是否為新式晶片版本？

基本上，於 2008 年 12 月 29 日之後申請取得的護照皆為晶片護照，在護照封面下方具有長方形晶片標誌。

旅行授權電子系統（ESTA）

　　「旅遊授權電子系統」（ESTA）許可需在出發日至少三天前上網申請。官網提供中文版介面，按照五大步驟：1. 填寫申請→ 2. 送出申請→ 3. 記錄申請號碼→ 4. 七日內（需於出發前）完成付款→ 5. 檢視申請狀態，即可完成。申請一次「旅遊授權電子系統」（ESTA）許可的有效使用期為兩年，旅行許可核准後，記得列印或存檔備份，方便日後查詢有效期限。

Data

ESTA
◎官網：esta.cbp.dhs.gov/esta
◎費用：14 美金。採信用卡付款，須確認信用卡提供國外刷卡付款功能，以免遭銀行拒絕扣款而繳費失敗。
◎期限：兩年，期間若護照到期則失效。

規劃旅費

美金幣值匯兌

美金兌換臺幣匯率約為：1 美金＝ 31 新臺幣，即時美金牌告匯率查詢可參考臺灣銀行網站（bot.com.tw）。美金紙幣種類分為：1、5、10、20、50、100 六種，硬幣種類包括 0.25（英文稱 1 quarter 或 25 cents）、0.1（1 dime 或 10 cents）、0.05（1 nickel 或 5 cents）、0.01（1 penny 或 1 cent）四種。兌換美金時，建議將幣值拆成 1、20、50 與 100 四種，在使用和攜帶上較為便利。

購物付款方式

美金幣值 1 ～ 20 的現金紙幣，是最常用的付款面額。由於百元鈔票幣值較高，許多小型商店會表明拒收，或需要進行簡單的偽鈔辨識。信用卡方面，舊金山大多數的商家都接受使用 Visa 與 Master 信用卡消費，唯美國運通信用卡偶爾會有拒收的狀況發生。刷卡時，部分商家會要求消費者出示護照或其他身分證明。旅行期間若需大量使用信用卡，記得在出國前告知刷卡銀行，並依需求調升信用額度，以避免在國外刷卡被拒、或額度不足的情況發生。

直飛航班資訊

臺灣至舊金山直飛航行時間約 11 小時、回程約 13 小時。提供直飛的航空公司包括長榮、中華,以及聯合航空公司。

臺灣—舊金山直飛航空公司

航空公司	訂位網站	訂位電話
中華航空(CI)	china-airlines.com	(02)412-9000
長榮航空(BR)	evaair.com	(02)2501-1999
聯合航空(UA)	united.com	(02)2325-8868

旅遊須知

當地氣候概況

　　受太平洋加利福尼亞洋流影響，舊金山的氣候為典型的涼夏暖冬型地中海型氣候，全年平均月均溫約 14℃、夏天平均氣溫僅 12 ～ 20℃。因半島地勢，臨海多風，且早晨與傍晚濃霧瀰漫，難怪大作家馬克吐溫有此一說：「我所度過最冷的夏天在舊金山！」相較於多霧冷瑟的夏日，9 月與 10 月反倒是舊金山最舒適的時節，較能享受到溫暖的加州陽光。舊金山雨季落在 12 月至隔年 2 月，同時也是最冷的月份，月均溫約 8 ～ 16℃。因室外早晚溫差大，而冬季時室內皆供應暖氣，多層次的洋蔥式穿搭法才能聰明應變舊金山詭譎的氣候，記得在行李中多塞件擋風外套、圍巾、和帽子吧！

舊金山平均氣溫

月份	1月	2月	3月	4月	5月	6月
平均高溫（℃）	13.8	15.7	16.6	17.3	17.9	19.1
平均低溫（℃）	7.6	8.6	9.2	9.6	10.6	11.6
平均降雨量（mm）	114	113	83	37	18	4
月份	7月	8月	9月	10月	11月	12月
平均高溫（℃）	19.2	20.1	21.2	20.7	17.3	13.9
平均低溫（℃）	12.2	12.8	12.8	12.1	10.1	7.8
平均降雨量（mm）	0	2	5	28	80	116

資料來源：U.S. Climate Data

美國氣溫單位為華氏（℉），攝氏（℃）0 度＝華氏 32 度。華氏與攝氏的單位換算公式為：攝氏＝（華氏 -32）x（5÷9）

危險警戒區域

　　舊金山市區流浪漢、醉漢、精神病患、幫派聚集的高犯罪率危險地區包括：（1）田德隆區（Tenderloin District），尤以市政中心（Civic Center）以北、奇瑞街（Geary St.）以南、泰勒街（Taylor St.）以西、凡尼斯大道（Van Ness Ave）以東之間區域。（2）市場街（Market St.）和密迅街（Mission St.）的第五街至第十街區間。（3）教會區（Mission District）的 16 街和瓦倫西亞街（Valencia St.）交叉口附近。（4）夜晚的金門公園。

　　旅遊行經這些區域時，最好提高警覺或繞道而行、避免夜晚落單，並緊守財物不露白的安全原則。舊金山近年常見的街頭犯罪模式包括：
（1）針對使用手機、電子產品的行人或乘客，由背後衝撞行搶。
（2）假裝為街頭藝人，拿作品介紹給路過的行人，藉此要求小費、扒走皮夾。請謹慎小心！

PART 2

出入境
&
市區交通

1 出境臺灣

2 入境美國

3 機場到市區

4 舊金山市區交通

出境臺灣

飛航行李規定

　　赴美旅客可免費托運行李兩件，每件限重 23 公斤。手提登機行李僅限一件，行李尺寸須小於 56×36×23 公分，限重 7 公斤。隨身攜帶的筆記型電腦、皮包、公事包或相機包，只要在合理大小內，並不歸納為手提行李，旅客可各攜帶一件登機。

　　依據 TSA 美國國土安全部運輸安全署的規定，手提行李與其他隨身攜帶登機之物品中，若有液體、膠狀物品或液化氣體品項，必須分別裝在 100 毫升以內的容器中，且統一放置於一個透明夾鏈袋內，以供安檢人員檢查。如需攜帶個人處方藥品搭機，記得備妥醫生證明，以及用藥人的身分證明文件。

禁止攜帶物品

　　所有行李與隨身物品中，皆不得有以下品項：爆裂物、易燃物、壓縮氣體、腐蝕物、放射性物品、氧化物、毒品、非處方藥物、傳染物等。此外，美國海關另規定所有肉品、肉製品、蔬菜水果、植物、種子、土壤、昆蟲、盜版物、彩券、古巴製雪茄與香菸製品、未經美國 FDA 批准之處方藥，以及軍火彈藥等，亦為嚴禁攜帶入境的違禁物品。細節請參考美國運輸安全署規定：tsa.gov/traveler-information/prohibited-items

自助報到劃位

　　節省於櫃檯排隊辦理登機的時間，不妨善用各家航空公司的自助報到機臺，依照螢幕指示自行辦理報到、劃位，並列印登機證。操作步驟簡單：放入護照掃瞄→輸入訂位代號→確認航班資料→選擇座位→列印登機證→至指定櫃檯辦理行李托運即可。

快速電子通關

　　凡年滿 14 歲、身高 140 公分以上，且具有中華民國戶籍之國民，可使用電子證照查驗系統自動通關，僅需初次申請，於當次及之後每次通關皆可使用。申請時請攜帶本人護照、身分證或健保卡查驗，並現場填寫申請書、拍攝大頭照、錄存雙手指紋。

電子通關出境可在桃園機場入出境查驗櫃檯辦理：

電子通關申請櫃檯	申請時間（每日）
出境大廳移民署櫃檯（管制區外）	07:00 ～ 18:00
出境證照查驗區（管制區內）	07:00 ～ 22:00
入境證照查驗區（管制區內）	10:00 ～ 23:00

電子通關步驟：
1. 翻開護照頁，照片朝下置於護照讀取器上。
2. 第一道閘門開啟，前往第二道閘門前。
3. 將帽子、眼鏡、口罩取下，以臉部對準鏡頭，進行特徵比對。
4. （1）比對成功→第二道閘門開啟→完成通關！
　　（2）比對不成功→進行指紋比對，將拇指按壓於螢幕右下方的指紋辨識
　　　　 處→比對成功→第二道閘門開啟→完成通關！
　　（3）若兩個比對皆失敗，在原地等候專人服務即可。

入境美國

機場入境流程

外籍旅客入境美國皆需填寫繳交兩份表格：（1）I-94 表格、（2）美國海關申報表（Custom Declaration）。兩份表格可在飛機上向空服人員索取填寫，或在降落後至航廈內入境審查櫃檯前的架上自行領取。入境美國的三大流程包括：入境審查（Immigration）→提領行李（Baggage Claim）→海關檢查與申報（Customs）。

非美國公民或美國永久居民，於機場入境審查時必須使用非公民（Non-Citizen / Foreigner）櫃檯，並將護照、I-94 表格、海關申報表三項一併交給移民官審核。移民官通常會詢問旅客幾大問題，包括：來美目的、停留天數、住宿地點、攜帶現金、攜入商品金額等，作為判斷依據。基本上只要據實以報，且將相關文件備妥（如回程機票、訂房紀錄、會議邀請函、特殊簽證，例如學生簽證、工作簽證、配偶簽證等）以供審驗，並不需要太緊張。移民官詢問完畢後，旅客需依照指示，在現場存錄雙手十指指紋、並拍攝大頭照以供移民局存檔，接著移民官會將 I-94 表格下半部撕下，釘於護照內頁，連同護照與海關申報表交還給旅客，便完成入境審查程序。

通過入境審查櫃檯後，即可沿著「Baggage Claim」標示，前往行李轉盤處提領行李。隨後經過海關檢查哨，若有申報需求，請沿紅色通道前往進行申報，否則依綠色通道前進，將海關申報表交給海關人員後，即可出關。

機場到市區

舊金山國際機場

　　位於舊金山半島南邊約 21 公里，舊金山國際機場（San Francisco International Airport，簡稱 SFO）在三個世紀以前原本是座牧牛農場，如今為加州第二大、世界第二十三大機場，擁有直飛美、歐、亞、澳四大洲，約 32 個城市的航班，是國際飛航交通的重要樞紐。舊金山國際機場的結構狀似一枚冬季雪片，放射成四大區域：第一航廈、第二航廈、第三航廈，以及國際航廈。國際航廈於 2000 年底啟用，提供 27 家航空公司國際航班起降，現為北美洲最大的國際航廈。由舊金山國際機場前往舊金山市區的交通十分便利，旅客可以選擇在機場航廈中搭乘灣區捷運（BART）、接駁巴士或計程車，皆在 1 小時以內可抵達市中心。

DATA
舊金山國際機場
◎地址：San Francisco, CA 94128-8097
◎電話：650-8218211
◎網站：flysfo.com

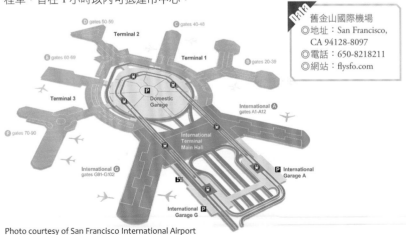

Photo courtesy of San Francisco International Airport

灣區捷運（BART）

　　灣區捷運由密爾布瑞市（Millbrae）出發，連接舊金山國際機場，行經舊金山市後繼續往舊金山灣東岸（East Bay）行駛。捷運站入口位於國際航廈 G 區（Garage G）三樓，旅客出境後可直接依循標示，搭乘手扶梯前往轉乘。往舊金山市區請搭乘匹茲堡／灣點（Pittsburg / Bay Point）方向的列車，約 15 ～ 20 分鐘一班，在舊金山市區停留八站：巴布亞公園（Balboa Park）、葛林公園（Glen Park）、24 街、16 街、市政中心站（Civic Center）、包爾站（Powell）、蒙哥馬利站（Montgomery）、內灣碼頭站（Embarcadero）。乘車時間約 30 分鐘，交通費為 8.95 美金。

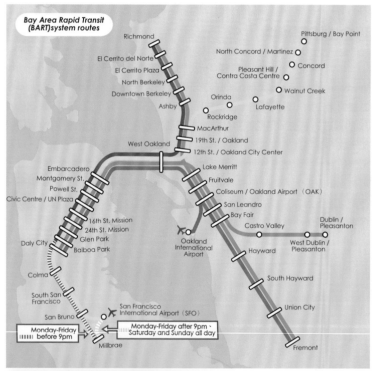

Bay Area Rapid Transit (BART) system routes

灣區捷運
◎行駛時間：週一至週五 4:00am ～ 12:00am、週六 6:00am ～ 12:00am、週日 8:00am ～ 12:00am。
◎票價：依起終點計算，可在各灣區捷運的地鐵站購票機查詢購買。
◎網站：bart.gov
◎電話：415-9892278

SamTrans 公營接駁巴士

SamTrans 接駁巴士行駛於聖馬堤奧縣（San Mateo）和舊金山半島，是往返舊金山國際機場和舊金山市區最便宜的大眾交通工具，但耗時較久。巴士乘車處位於機場國際航廈一樓的巴士等候站 G 區，採上車購票制。SamTrans 提供三條路線往返舊金山市區：292、KX（快捷車）與 397（夜間車），約 30 ～ 60 分鐘一班次。292 與 397 行車時間約 1 小時，車資 4 美金；KX 約 40 分鐘，車資 5 美金。班車進入舊金山市區後沿著密迅街（Mission St.）行駛至 Transbay Terminal 終點站，旅客可在途中的站牌下車。需注意的是，KX 只能攜帶手提行李搭乘，不提供托運行李存放；而 397 只於 12:00am ～ 6:00am 行駛。各班車詳細發車時間表與停靠站，請參考 SamTrans 網站。

> **Data**
> SamTrans 公營接駁巴士
> ◎電話：800-6604287
> ◎網站：samtrans.com

SuperShuttle 私營接駁車

SuperShuttle 提供點對點單程、來回接駁服務，旅客可事先於官方網站上預約接送日期時間，或是直接前往國際航廈三樓，沿藍色「SuperShuttle」指標抵達客服中心現場購票。車資依據車種和路程不同，選擇共乘休旅車（Shared Ride Van）搭乘較經濟。休旅車為九人座，車資由同車的乘客分擔，司機會按路線依序將乘客送達目的地。由舊金山國際機場至舊金山市中心包爾站，每人約 17 美金。

> **Data**
> SuperShuttle 私營接駁車
> ◎訂車網頁：supershuttle.com
> ◎客服專線：800-2583826
> ◎機場客服時間：8:00am ～ 12:00am

機場計程車

行李太重、旅途勞頓？搭乘計程車則是最省時又省力的交通方式。在路況順暢的情況下，由舊金山國際機場乘車至舊金山市區僅需 20 ～ 30 分鐘，車資約 50 美金。計程車等候處位在國際航廈二樓出口外的中島區（Center Island Transportation Zone）。

舊金山市區交通

　　在美國所有城市中，舊金山獲評為「最適合步行遊覽」，且為第二大「公眾運輸系統最完善」的城市，僅次於紐約。舊金山市區最主要的的大眾運輸系統為市營的 San Francisco Municipal Railway（簡稱 Muni）系統，提供四大種類交通工具：輕軌電車（Metro）、公車（Bus）、叮噹車（Cable Car）、以及軌道街車（Streetcar）。Muni 全系統多達 80 條路線，涵蓋全市 90% 的區域，每一至兩個街口就可以找到交通站牌，讓暢遊舊金山一點都不難！

輕軌電車（Metro）& 公車（Bus）

　　輕軌電車和公車是舊金山灣區最繁忙的大眾運輸工具，每年搭載約兩億名乘客。因使用車種及編號混雜，兩系統乍看之下眼花撩亂，其實只要記得以下三大規則，就能簡單區分：

辨別規則	輕軌電車 (Metro)	公車 (Bus)
1. 車牌編號	單一英文字母（有 J、K、L、M、N、T 六條主線）	數字編號，或是數字加英文字母混合編號（例如：8X、38L、1BX 等）
2. 路線與站牌	地面及地下	都在地面上
3. 使用車種	輕軌列車	柴電混合巴士、無軌電動巴士

J K L M N T *Muni Metro Services (Subway / Light Rail)*

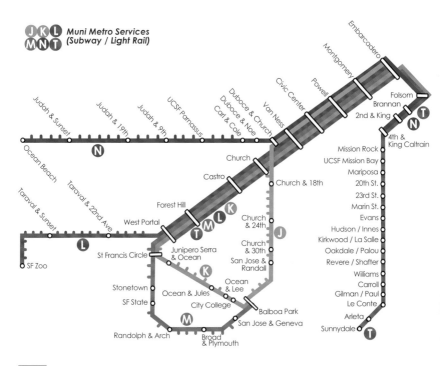

Embarcadero
Montgomery
Powell
Civic Center
Van Ness
Duboce & Church
Duboce & Noe
Carl & Cole
UCSF Parnassus

Judah & Sunset
Judah & 19th
Judah & 9th

N

Ocean Beach
Taraval & 22nd Ave.

Taraval & Sunset

L

SF Zoo

West Portal
Forest Hill
St Francis Circle
Junipero Serra & Ocean

Stonetown
SF State
Ocean & Jules
City College

Randolph & Arch
Broad & Plymouth

M

Ocean & Lee
San Jose & Randall
San Jose & Geneva
Balboa Park

K

Church
Castro
Church & 18th
Church & 24th
Church & 30th

T M L K

J

Folsom
Brannan
2nd & King

N T

4th & King Caltrain

Mission Rock
UCSF Mission Bay
Mariposa
20th St.
23rd St.
Marin St.
Evans
Hudson / Innes
Kirkwood / La Salle
Oakdale / Palou
Revere / Shafter
Williams
Carroll
Gilman / Paul
Le Conte
Arleta
Sunnydale **T**

Data

輕軌電車&公車
◎行駛時間：輕軌電車週一至週五 5:00am ～ 1:00am，週六 6:00am ～ 1:00am，週日 8:00am ～ 1:00am。
◎票價：單程現金 2.5 美金、單程搭配 Clipper 卡 2.25 美金。90 分鐘免費轉乘，四歲以下孩童免費。
◎網站：sfmta.com
◎電話：311 免費語言協助

叮噹車（Cable Car）

　　舊金山享譽盛名的叮噹車（Cable Car）於 1873 年問世。當年的舊金山雖已有蒸氣火車，市內交通仍以馬車為主。因城市山坡延綿的地勢，馬車翻覆的交通意外時有所聞，來自英國的發明家安德魯哈樂迪（Andrew Hallidie），因親眼目睹多起馬兒攀爬不上陡峭街道而摔下慘死的悲劇，便決心著手設計一結合軌道、地下鋼纜和中央動力的纜車系統。

Courtesy of Market Street Railway

☆搭乘叮噹車欣賞舊金山美景，最佳的觀景座位為：起點站上車坐右手邊、終點站上車坐左手邊！除了起終點站外，如果想在途中任何一站搭車也可以，只要在叮噹車站牌處等候搭乘即可。

過去一百四十多年間，叮噹車曾經幾度沒落。1892 年，舊金山出現了第一輛電動軌道街車（Streetcar），爾後市政府數度倡議淘汰相較之下老舊且維護成本昂貴的叮噹車。1906 年，舊金山大地震與火災摧毀了多數叮噹車的基礎建設、和多達 117 輛的叮噹車，讓叮噹車的行駛陷入最大的危機！時至 1912 年，叮噹車僅剩八條路線維持運作，其餘皆陸續由電動軌道街車與公車系統取代。1947 年，當時的市長羅傑拉博漢（Roger Lapham）斷然宣布全面停駛叮噹車，此舉卻遭來舊金山市民的集體抗議，最終在市民公投下，驚險保留住叮噹車。1982 年，叮噹車系統再次因年久失修，而被迫全面停駛，歷經兩年的改造與整建，終於 1984 年重返舊金山街頭。然而最初的 23 條路線，至今碩果僅存三條路線：

Line	包爾街－梅森街（Powell-Mason，PM）	包爾街－海德街（Powell-Hyde，PH）	加勒福尼亞街（California St，C）
起點站	包爾街和市場街（Market St.）交叉口		加勒福尼亞街和市場街交叉口
終點站	漁人碼頭（靠近 39 號碼頭）	漁人碼頭（靠近吉瑞德利廣場）	加勒福尼亞街和凡尼斯大道（Van Ness Ave）交叉口
方向	南北縱向		東西橫向
沿途景點	叮噹車轉盤、聯合廣場、中國城西邊、叮噹車博物館、天使島海景（左手邊）、華盛頓廣場	叮噹車轉盤、聯合廣場、中國城、叮噹車博物館、九曲花街頂端（右手邊）、惡魔島海景	金融區、中國城聖瑪麗古教堂、貴族山、格雷斯大教堂
行駛時間	約 6:30am ～ 12:30am，平均 6 ～ 15 分鐘一班。		
購票地點	購票亭： 1. 聯合廣場購票亭：包爾街與市場街交叉口（Powell & Market St.）。 2. 漁人碼頭購票亭：海德街與海灘街交叉口（Hyde & Beach St.）、灣街與泰勒街交叉口（Bay & Taylor St.）。 3. 車上購票：找零不超過 20 美金。		
票價	單程票：7 美金，不可轉乘。 優惠票：3 美金（65 歲以上、殘障人士），限 9:00pm ～ 7:00am 使用。 全日票（All-day passport）：20 美金，可轉乘其他 Muni 系統。 四歲以下孩童免費搭乘。		

軌道街車（Streetcar）

舊金山另一饒富趣味的交通工具為百年歷史的古董軌道街車，分為兩條路線：F 街車一往返卡斯楚區（Castro）和漁人碼頭（Fisherman's Wharf），行經市政中心、聯合廣場、金融區、渡輪大廈和內河碼頭。E 街車一往返渡輪大廈與 Caltrain 火車站，行經 AT&T 棒球場。軌道街車自 1912 年開始於市場街運行，現役行駛的街車共有 20 種款式，車隊來自舊金山本地、紐約、華盛頓、墨西哥、義大利米蘭等退役的古董車，每輛車都各自具有不同的歷史故事，且車體、顏色和內裝皆不盡相同，成了搭乘街車的最大樂趣！

Data

軌道街車
◎行駛時間：6:00am ～ 12:30am
◎票價：單程現金 2.5 美金、單程搭配 Clipper 卡 2.25 美金。90 分鐘免費轉乘，四歲以下孩童免費。
◎網站：streetcar.org
◎電話：415-9560472

交通票券種類與購買

搭乘 Muni 大眾運輸系統，可使用單程票券、不同天數之觀光票券、城市券、Clipper 儲值卡、月票，共四種交通票券。

Muni 系統單程票價除了叮噹車（7 美金）外，統一皆為現金 2.5 美金、搭配 Clipper 儲值卡 2.25 美金。單程票券能在車上付現不找零、或在 Muni Metro 車站內購票機購得；Clipper 卡（3 美金，可重複儲值使用）能在市中心各大 Walgreen 超商櫃台、或 clippercard.com 官方網站購買並儲值。若計畫在市區密集觀光達一週以上的旅客，可選擇購買七日觀光票券，能無限次數搭乘所有 Muni 系統的交通工具，並可省下每趟搭乘購票的麻煩。遊覽長達一個月以上旅客，則不妨使用月票（Muni monthly pass），由於月票是記錄在 Clipper 卡上，因此需在購買 Clipper 卡的同時，向超商櫃員表明要加月票（選擇 MUNI Only，73 美金）。需注意的是，月票的使用期限以每月 1 日起算至月底，因此要在月初購買使用才劃算喔！

Muni 單程票券一覽表

車種	現金單程	Clipper 卡單程	購票處
Metro	2.5 美金	2.25 美金	地鐵站內購票機、列車第一節車廂司機旁購票機
Bus	2.5 美金	2.25 美金	公車前門購票機
Streetcar	2.5 美金	2.25 美金	街車前門購票機
Cable Car	7 美金	7 美金	叮噹車上、起點與終點站
Clipper 儲值卡	一張 3 美金，可重複儲值使用。需在市中心各大 Walgreen 超商櫃台、或於 clippercard.com 官網購買儲值。後續加值則可直接在 Muni Metro 車站內的購票機台操作使用。		
轉乘規定	90 分鐘以內可不同車種免費轉乘，轉乘時只要向司機出示原始車票、或於讀卡機刷 Clipper 卡即可。（注意：轉乘優惠並不適用於 Cable Car 叮噹車。）		

Tips

☆公車和軌道街車於前門司機位置旁設有單程購票機、Clipper 儲值卡讀卡機。後門僅有 Clipper 讀卡機。若非使用 Clipper 儲值卡搭乘，須由前門上車購票、或向司機出示轉乘票券。

Muni 觀光票券一覽表

Muni Passport	票價	附註
一日券（1-day Passport）	21 美金	無限次數搭乘所有 Muni 系統。
三日券（3-day Passport）	32 美金	
七日券（7-day Passport）	42 美金	
城市券（City Pass）	12 歲以上 94 美金，5～11 歲 69 美金。	1. 七日無限次數搭乘所有 Muni 系統。 2.免費參觀舊金山科博館、水族館、迪揚美術館或探索館（二選一）、搭乘藍金號渡輪。
購票地點	包爾街與市場街交叉口（Powell & Market St.）售票亭、海德街與海灘街交叉口（Hyde & Beach St.）售票亭。City Pass 可於官網購買：citypass.com	
相關資訊	網站：sfmta.com，電話：415-7012323	

市區計程車

　　舊金山計程車起跳里程為 0.25 英里收費 3.5 美金，續跳里程每 0.25 英里收費 0.55 美金，延滯計時每分鐘收費 0.55 美金。由機場出發的計程車加收排班費 4 美金，行李裝載不收費，若遇過路費乘客需自付。舊金山市計程車數量與覆蓋率不如臺北市多且廣，如需招乘計程車，建議走至主要幹道或大路等候，或者事先撥打當地計程車行電話叫車。

Data
舊金山計程車行叫車專線：
◎ Yellow Cab：415-3333333
◎ DeSoto Cab：415-9701300
◎ Green Cab：415-6264733
◎ Metro Cab：415-9200700

當地租車

1. 所需文件：臺灣駕照、國際駕照、護照、駕駛人信用卡。

2. 訂車：美國租車公司提供網站訂車，且不定期提供優惠方案，租車前可先至各家租車網站了解最新優惠，只要輸入租車日期、勾選取車地點、選擇車種，就能獲得線上報價。預約訂車時，需網路填寫駕駛人資訊，再備齊文件至取車地點櫃檯付款，即可取車。

3. 租車保險：美國租車保險通常分為三大類：（1）個人意外險（Personal Accidence Insurance）。（2）車輛損失免責險（Loss Damage Waiver）。（3）第三責任險（Liability Insurance Supplement）。美國租車保險費昂貴的程度惡名昭彰，若購買全險（Full Insurance）有時保險費甚至超過一日租車費用。其實，臺灣許多信用卡公司皆提供持卡人旅遊平安險保障，建議在出國前，事先向信用卡公司確認是否提供旅平險及其內容。若信用卡公司沒有提供，旅客也可以在臺灣機場購買旅遊平安險，於美國租車時就不需額外加保個人意外險。

4. 五大連鎖租車公司網站：

   Hertz：hertz.com

   Avis：avis.com

   Enterprise：enterprise.com

   Dollar：dollar.com

   Thrifty：thrifty.com

5. 車體檢查：取車簽名前，務必確認油箱格數之記載是否正確、並仔細檢查車體各部位是否有刮傷、凹痕或其他損傷。各家租車公司的車體損傷容忍範圍不一，通常租車業務員會手拿量表，若發現有任何損傷，需當場向業務員提出，讓對方現場測量並記錄，作為之後還車檢查的依據。

☆還車前，建議先到加油站將油箱加回至出車時的格數，費用相較回租車公司後，按公里數或公升數加乘租車公司之公定油價購買油錢更划算！

☆舊金山因地勢起伏陡峭，在路邊斜坡停車時，依法規定需將輪胎打斜，否則會被開罰單：向上坡停車時輪胎往馬路中間傾斜，向下坡停車時輪胎則往人行道方向傾斜。

自行車共用

舊金山自 2013 年底推行自行車共用計畫（Bike Share），分為一日 9 美金、三日 22 美金，或是一年 88 美金三種方案，民眾可使用信用卡於租車站隨租隨行，A 點租車 B 點還車，且全年無休。租車站主要集中於市政中心、下城區、金融區和碼頭區，較適合在市中心短程觀光或交通用。必須注意的是，單趟騎乘限時 30 分鐘，逾時需加付超時費，遊覽時記得看好時間！

Bike Share 自行車共用
◎網站：bayareabikeshare.com
◎電話：855-4802453

實用 APP 下載

1. Muni Watch：追蹤 Muni 巴士的即時車況，只要點選想搭乘的巴士號碼，便會顯示班車的行駛路線圖、車輛當前的運行位置，簡單明瞭。

2. Muni+：提供 Muni Bus、Muni Metro、叮噹車、軌道街車、和 BART 灣區捷運綜合路線圖。顯示車輛當前位置，預估最近班次的抵達時間。Muni+ 結合 Twitter 即時訊息，能獲知最新交通路況。

3. SF Park：透過 GPS 定位，提供駕駛查詢鄰近停車場位置、即時車位數量與價格，是找尋停車位的好幫手。

PART 3

住宿
規劃

舊金山住宿概況

舊金山市區有超過三百家旅館飯店，提供逾三萬四千間客房，供應每年將近一千六百萬名遊客來訪。旅館數量雖多，但住宿價格可不便宜，一般可分為四個層級：

1. 低價旅館：青年旅館與二星級以下的旅館，每晚平均價位 120 美金以下，若不介意房間較為老舊吵鬧、需共用浴室、與其他遊客同住等，是最省錢的選擇。

2. 小型旅館：距景點較遠，或位於環境較複雜的市政中心（Civic Center）、田德隆區（Tonderlon）、海特街（Haight St.）和教會區（Mission）內，訂房時需額外留意飯店所處街區，每晚平均價位約 200 美金左右。

3. 中級飯店＆民宿：環境較整潔乾淨、交通便利、治安較好的企業經營飯店或私人民宿，每晚平均價位約 250 美金以上。

4. 高級飯店：五星級以上的國際型連鎖飯店、精品酒店，每晚 400 美金以上。

自助訂房網站

1. booking.com：不定期提供比飯店官網更便宜的訂房優惠價格。
2. tripadvisor.com：提供各飯店在不同網站平台上的比價資訊，具有中文翻譯網頁。
3. priceline.com：熱門的旅館競標網站，若是競標成功，可能獲得比原價低50％以上的優惠價格！缺點是競標時只能選擇區域和住宿日期，並不能指定飯店。不參與競標也沒關係，網站也提供一般優惠價格直接訂房，雖然選擇較少且機會難得，但訂房前不妨上網查看，可能挖到寶。
4. orbitz.com：結合訂房、機票、當地旅遊套票、租車優惠方案的複合資訊網站。

Tips

☆舊金山的城市稅為 1.5％、旅館稅為 14％，通常訂房網站或飯店官方網站上顯示的房價皆為未稅價，需加以上複合稅金，才是最後的訂房價格。

近車站

澤洛斯飯店（Hotel Zelos）

　　位在第四街和市場街口的澤洛斯飯店，堪稱舊金山市內交通位置最好的飯店。踏出飯店門口即是市中心交通樞紐—包爾站，不論搭乘灣區捷運、公車、輕軌電車、軌道街車、或叮噹車，皆一分鐘之內步行抵達！此外，西田購物中心（Westfield Shopping Center）、聯合廣場商圈、各大百貨公司與金融區亦近在咫尺，能輕鬆購物並享受夜生活。房客能免費享用：每日早報遞送服務、客房無線網路、使用24小時健身房、大廳早晨咖啡與茶飲、腳踏車租借服務。

DATA
澤洛斯飯店
◎地址：12 Fourth St.
◎網站：hotelzelos.com
◎電話：415-3481111
◎房價：250 ～ 450 美金

澤塔酒店（Hotel Zetta）

座落於第五街靠市場街交叉口，緊鄰西田購物中心，占盡地利之便。飯店以年輕科技雅痞和商務人士為訴求，116 間客房全面禁煙、房內配備免費無線網路、illy 義式濃縮咖啡機、紐約時報數位版使用帳號、46 吋三星網路電視、G-LINK 多媒體連接阜，房客能連接個人手機、或筆電內的多媒體影音檔案，傳送至網路電視上觀看。飯店一、二樓為調酒吧、公用撞球室、桌球室、大型疊疊樂、推圓盤遊戲臺以及沙發交誼廳。

 澤塔酒店
◎ 地址：55 Fifth St.
◎ 網站：viceroyhotelgroup.com/en/zetta
◎ 電話：415-5438555
◎ 房價：300 ～ 400 美金

日航酒店（Hotel Nikko）

獲舊金山飯店協會頒發創新獎，日航酒店因多項節能措施、廢料回收，以及協助社區發展計畫，被譽為舊金山最綠的環保飯店。飯店走摩登簡約風格，以日式管理與乾淨舒適獲好評，常見日本遊客和商務旅客。公共設施包括：室內游泳池、24 小時健身房、桑拿蒸氣室、美式與日式餐廳、付費孩童保姆照護。房間內則配備免費無線網路、免費市話撥接。飯店步行至市中心叮噹車總站約 3 分鐘，鬧中取靜。

 日航酒店
◎ 地址：222 Mason St.
◎ 網站：hotelnikkosf.com
◎ 電話：415-3941111
◎ 房價：250 ～ 500 美金

景點旁

舊金山客棧（The Inn San Francisco）

　　鄰近教會區瓦倫西亞購物街與杜樂莉絲公園，舊金山客棧建於1872年，是棟具百年歷史的粉紅色維多利亞式小木屋。客棧裝潢具有濃濃的英式復古風格，在紅木家具、大理石壁爐、玫瑰、燭光與蘇格蘭威士忌中，體驗英式古典的居家生活。民宿主人是來自愛爾蘭的倪馬帝（Marty Neely），與臺灣老婆共同經營民宿，有趣的是，老夫婦的兒子正是臺灣藝人倪安東。客棧提供免費網路、每日免費早餐於七點至十一點間，若是天氣好，不妨帶著餐盤來到後花園，享用一場庭園早餐。

DATA
舊金山客棧
◎地址：943 South Van Ness Ave.
◎網站：innsf.com
◎電話：415-6410188
◎房價：145～475美金

海神旅店（Hotel Triton）

　　鄰近中國城、中國城、小義大利北灘區。海神旅店　舊金山老字號金普頓飯店集團的年輕旅店品牌，風格活潑大膽、結合現代藝術的裝潢空間，呈現出波西米亞式的嬉皮風格（Boho-Chic）。飯店提供免費無線網路、早晨免費咖啡茶飲，下午三點於大廳提供現烤點心、五點有葡萄酒品酒時間，飯店員工有時還會來場即興表演、塔羅牌算命等遊戲，與房客同樂。

> **Data**
> 海神旅店
> ◎地址：342 Grant Ave.
> ◎網站：hoteltriton.com
> ◎電話：415-3940500
> ◎房價：220 ～ 400 美金

白天鵝旅館（White Swan Inn）

　　距離貴族山、中國城，與聯合廣場景點區各約四個街口，旅館以濃郁色彩的花布壁紙、格紋圖騰、原木家具營造出舒適樸質的鄉村居家風情。客房內配備壁爐，供房客於疲憊的一天後圍爐取暖。旅館提供免費早餐、日報、午後現烤點心、品酒時光、與無線網路，賓至如歸。

Data

白天鵝旅館
◎地址：845 Bush St.
◎網站：whiteswaninnsf.com
◎電話：415-7751755
◎房價：230 ～ 280 美金

價位低

美國青年旅館
（USA Hostels San Francisco）

　　獲選為舊金山和好萊塢最受歡迎的青年旅館，這裡吸引了來自各國的學生與自助行背包客。旅館內部陸續於 2013 年重新翻修完畢，除了提供四人房男女合住宿舍、四人房純女生宿舍外，另設有二十間獨立客房，各房型再細分為公共衛浴或房內衛浴。旅館附免費早餐、咖啡茶水、無線網路、安全置物櫃。公共設施包括交誼廳、洗衣機、廚房與健身房。

Data
美國青年旅館
◎地址：711 Post St.
◎網站：usahostels.com/sanfrancisco
◎電話：415-4405600
◎房價：60 ～ 170 美金

舊金山市區青年旅館
（San Francisco Downtown Hostel）

　　舊金山市區另一受歡迎的青年旅館，距離聯合廣場步行約三分鐘、包爾站五分鐘，占盡交通地利之便。旅館提供可入住一至三人的獨立客房、四至八人的宿舍房。宿舍可選男生、女生或男女合住，各房型再細分為公共衛浴或房內衛浴。住宿包含免費無線網路、簡單早餐。公共設施有開放式廚房、交誼廳、媒體娛樂室、安全置物櫃、大型行李和腳踏車寄存。此外，旅館每週舉辦團體交誼活動，包括徒步遊覽團、電影之夜、酒吧之夜等，令青年背包客們懷念不已。

Data
舊金山市區青年旅館
◎地址：312 Mason St.
◎網站：sfhostels.com
◎電話：415-7885604
◎房價：35 ～ 175 美金

舊金山十大景點區

PART 4

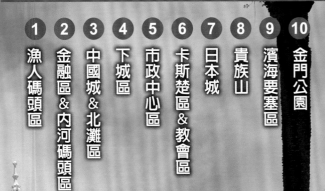

1 漁人碼頭區

2 金融區＆內河碼頭區

3 中國城＆北灘區

4 下城區

5 市政中心區

6 卡斯楚區＆教會區

7 日本城

8 貴族山

9 濱海要塞區

10 金門公園

濱海要塞區

漁人碼頭區

中國城與北灘

貴族山區

金融區與內河碼頭區

日本城

市政中心

下城區

金門公園

卡斯楚與教會區

漁人碼頭區
(Fisherman's Wharf)

　　由 35 號碼頭延伸至海洋國家歷史公園的「漁人碼頭區」，名列觀光客最愛的舊金山景點，每年約有一千兩百萬名遊客到此一遊。不論是海港船塢、慵懶海獅、鄧金斯黃金蟹、酸麵包巧達濃湯、形形色色的街頭藝術家、惡魔島、金門大橋……舊金山灣的加州風情，都能在這裡一網打盡，令人回味無窮。

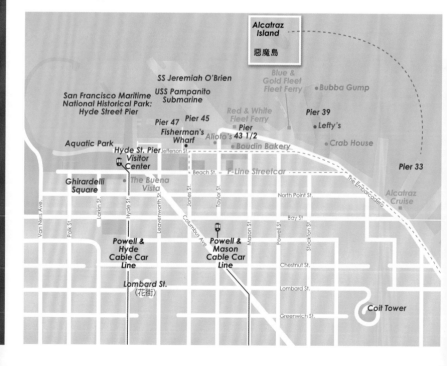

45 號漁人碼頭（Fisherman's Wharf）

　　舊金山的漁人碼頭隨著 1848 年的加州淘金潮興盛而起。來自義大利的移民們，選擇在舊金山灣沿岸的 45 號碼頭定居，依照記憶中家鄉的漁船樣式，建造出一艘艘綠色的三桅小帆船，出海捕獲鄧金斯螃蟹為生。在全盛時期，有將近五百艘的義大利漁船以此為家，對於早期舊金山的人文經濟發展，具有重要的歷史意義。1980 年代開始，漁人碼頭逐漸轉變為觀光勝地，即便如此，世代相傳的義大利漁隊家族早已落地生根，從小魚攤販，逐漸擴建為一間又一間的海鮮餐廳，留下漁業與觀光業新舊世代交替的歷史痕跡。

Data

漁人碼頭
◎地址：Pier 45，Embarcadero and Taylor St.
◎電話：415-7055500
◎網站：fishermanswharf.org
◎交通：F、Bus #30, #47、Cable car

Tips

鄧金斯蟹

鄧金斯蟹（Dungeness Crab）是北美西海岸盛產的太平洋黃金大蟹。此蟹品種平均身長約 20 公分，以肉多、肉質滑嫩且帶有淡淡堅果甜味著名，舊金山每年的商業補蟹季由 11 月初開始至隔年 6 月底，是品嚐黃金大蟹的最佳時節！

◤ DATA

39 號碼頭
◎地址：Embarcadero and Beach St.
◎電話：415-7055500
◎網站：pier39.com
◎營業時間：週日至週四 10:00am ～ 9:00pm、
　週五與週六 10:00am ～ 10:00pm。
◎交通：F、Bus #39, #8X, #47、Cable car

39 號碼頭（Pier 39）

　　為舊金山市區內的大型戶外親子購物商場，不論季節時分，總能吸引來自各地的遊客。碼頭商場的主體為雙層木造船塢建築，徒步區一路往西延伸至 41 號碼頭，涵括了約六十家以紀念品為主的商店，與十四間異國料理餐廳。

　　逛完 39 號碼頭琳琅滿目的主商店街，別忘了繼續步行至建築西側的甲板區，和慵懶的海獅們拍張照。這群加州海獅在 1989 年舊金山洛馬普雷塔（Loma Prieta）大地震後，從舊金山灣的岸外遷徙至灣內棲息。當年的碼頭因重新翻修、船隻清空，正好提供了海獅們裕足的空間休息，待碼頭整修完畢、漁隊回籠時，碼頭甲板早已被眾多海獅們霸占。當年漁隊曾因上百隻海獅所帶來的噪音與魚腥味向市政府抗議，要求趕走海獅群，沒想到新聞刊出後，卻讓這群加州海獅一夕爆紅，吸引了各州遊客前來觀賞。額外的觀光效應讓市府不僅沒將海獅趕走，反而要求漁船移至別處停泊。39 號碼頭甲板的海獅群，自此成了當地的招牌紅星！

 Tips

加州海獅

海獅群以鰻魚與沙丁魚為食，因追隨獵捕魚群，每年在冬季出走、隔年 2 ～ 5 月回巢。
若想觀賞數以百計的海獅群閒散地在甲板上曬日光浴，夏天是探訪的最好時機。

USS 潛水艇（USS Pampanito Submarine）

　　停泊在 45 號碼頭東側的 USS 海軍戰艦潛水艇，曾在二次世界大戰中擊沉六艘日本敵艦，獲頒國家六顆星勳章。USS 潛水艇自 1943 年至 1945 年服役期間，共參與了六次重要巡航；退役後，潛水艇於 1960 年轉為美國海軍預備役兵的訓練艦，至今列為國家重要歷史建造物，成為紀念博物館，於 1982 年始開放民眾參觀。潛水艇內提供語音或專人解說導覽，另可預約在潛艇艙內臥鋪過夜的團體遊覽方案，十足體驗潛艇生活。

Data
USS 潛水艇
◎地址：Embarcadero and Taylor St.
◎電話：415-7751943
◎網站：maritime.org
◎開放時間：週日至週四 9:00am ～ 6:00pm、
　　週五與週六 9:00am ～ 8:00pm。
◎參觀費用：成人 20 美金、學生 12 美金、
　　六至十二歲 10 美金、五歲以下孩童免費
◎交通：F、Bus #39, #8X, #47、Cable car

O'Brien 自由輪（SS Jeremiah O'Brien）

　　停泊在 USS 潛水艇身後的 O'Brien 號自由輪同樣列為國家歷史建造物，是美國在二次世界大戰時建造的 2,710 艘自由輪（Liberty Ship）中，僅存的兩艘之一。O'Brien 號自由輪在二戰期間，除了巡航於英國、北愛爾蘭、南美、印度與澳洲外，更是諾曼第登陸時的大功臣，協助同盟國軍隊跨越英吉利海峽，運送物資、人員前往諾曼第海灘。如今自由輪停泊於 45 號碼頭旁供民眾參觀，不定期舉辦舊金山灣巡遊的行程。

Data
O'Brien 自由輪
◎地址：Embarcadero and Taylor St.
◎電話：415-5440100
◎網站：ssjeremiahobrien.org
◎開放時間：每日 9:00am ～ 4:00pm
◎參觀費用：12 美金
◎交通：F、Bus #39, #8X, #47、Cable car

海德街碼頭（Hyde St. Pier）

　　若對歷史人文和船艇機械有興趣，海德街碼頭能引領想象力騁馳，窺探舊金山灣過去兩個世紀的海港生活樣貌。

　　1849 年，來自世界各地的淘金移民蜂擁至舊金山，便是在海德街碼頭登陸。當年抵達此處的各式船隻至少有七百五十艘以上，至今許多殘骸仍深埋在金融區底下。時至 20 世紀，在金門大橋與海灣大橋興建完成以前，海德街碼頭為舊金山市連接北方馬林郡、東灣奧克蘭市的主要渡輪碼頭，一百六十五年來，見證了舊金山城市發展的歷史變動。今日的海德街碼頭成為舊金山海事國家公園的一部分，碼頭遺跡上展示著六艘百年古船，包括繞過好望角十七次的的木造歐式雙軌帆船「Balclutha 號商船」（1886）、當年世界最大且最快的客運「Eureka 號明輪蒸氣船」（1890）、可駛上三角洲進入加州中部山谷的平底縱帆船「Alma 號貨船」（1891）、載運黃衫木材的縱帆船「CA Thayer 號」（1895）和「Wapama 號」（1915），以及蒸氣海洋拖船「Hercules 號」（1907）。

　　此外，位於傑佛森街與海德街口的遊客中心，則彷彿小型的海事博物館，展示著古船沉船殘骸、日記手稿、航行紀錄、舊金山船艦發展歷史、船隻模型、機械圖、歷史照片與影片等豐富館藏，值得一探究竟。

> **Data**
> 海德街碼頭
> ◎地址：499 Jefferson St.（遊客中心）
> ◎電話：415-4475000
> ◎網站：nps.gov
> ◎開放時間：6 至 8 月 9:30am～5:30pm、
> 　9 至 5 月 9:30am～5:00pm
> ◎參觀費用：登船 5 美金
> ◎交通：F、Bus #30, #19, #47、Cable car

吉瑞德利廣場（Ghirardelli Square）

由巧克力工廠改建的吉瑞德利廣場，以百年歷史的紅磚建築，成為漁人碼頭區的顯著地標。廣場內聚集多家購物商店與餐廳，尤以美人魚噴泉旁的吉瑞德利巧克力甜點旗艦店，深受遊客歡迎，大排長龍就為了品嘗招牌的布朗尼巧克力聖代。

吉瑞德利巧克力的品牌創始人多明尼哥（Domenico Ghirardelli）來自義大利，小時候曾在家鄉的糖果工廠實習，埋下對巧克力的濃厚興趣。多明尼哥 20 歲便開始航行於好望角、祕魯等區域，成為進出口咖啡與巧克力豆的貿易商人。1849 年，趁著美西淘金熱潮，他登陸舊金山，開設了間雜貨貿易店鋪。三年後，用第一批進口的 200 磅巧克力豆，創立了吉瑞德利巧克力公司，從此屹立不搖。

吉瑞德利巧克力以濃郁與滑順的口感受歡迎，在製作的過程中，多明尼哥不惜捨棄高達 30% 的原料豆，去蕪存菁，以維護巧克力的最佳風味，並將提煉、烘焙後的巧克力豆反覆磨研至 18 微米以下，才成就如此細緻順口的滋味。在巧克力甜點旗艦店中，除了能品嘗、選購該品牌的各式巧克力商品外，還能一睹吉瑞德利巧克力原始生產線的製作流程。

Data

吉瑞德利廣場
◎地址：900 North Point St.
◎電話：415-4743938
◎網站：ghirardellisq.com
◎營業時間：週日至週四 9:00am ～ 11:00pm、
　　週五與週六 9:00am ～ 12:00am
◎交通：F、Bus #30、#47、#49、#19、Cable car

Tips

☆每年 9 月中旬，吉瑞德利廣場舉辦為期兩天的巧克力嘉年華會。現場匯集多達三十家的攤位，提供巧克力製作教學、巧克力試吃、尋寶遊戲。嘉年華重頭戲為吉瑞德利品牌傳統的「Earthquake Ice Cream Eating」比賽：參賽者需在最快時間內，將招牌的地震聖代嗑光，且不准使用手！過程逗趣。
嘉年華會資訊詳見：ghirardelli.com。

惡魔島（Alcatraz Island）

　　不要小看這座位在舊金山灣中、占地僅 25 英畝的小島！它曾為美國西岸最古老的燈塔、美國南北戰爭時期的軍事雕堡、和軍方監獄。自 1933 年起的三十年期間，惡魔島被規劃成為美國國家聯邦監獄，以擁有最高安全等級的嚴格控管著名，專門監禁國內最惡名昭彰的重罪犯人，只進不出，被稱為「重刑犯的終點站」。1963 年 3 月 21 日，惡魔島聯邦監獄因維護費用過於高昂而關閉，成為荒島。1969 年，印第安原住民占領惡魔島，做為印第安人權抗爭的據點，為期十八個月之久，如今島嶼上仍可見當時的遺跡。1972 年，歷史豐富且意義深遠的惡魔島被納入國家公園，且列為國家重要歷史地標，開放民眾參觀。島上提供七國語言語音導覽，總長度約 45 分鐘。在真實故事內容的帶領之下，踏入當年歷史場景，探索惡魔島監獄令人無法想象的獄卒生活。

惡魔島渡輪時刻

　　每年約有超過一百萬名遊客前往參觀，惡魔島是舊金山最熱門的景點之一。由於每日渡輪班次、名額有限，建議於遊覽前兩週，先至官網查詢並訂票，以免敗興而歸。

	Day Tour	Night Tour
啟程	9:10am 首班～ 3:50pm 末班，共 14 班	5:55pm 與 6:30pm 兩班次
回程	9:55am 首班～ 6:30pm 末班，共 17 班	8:40pm 與 9:25pm 兩班次

惡魔島越獄傳奇

　　惡魔島形勢孤立、斷崖懸壁崎嶇多岩，加上舊金山灣水深冰冷且渦流紊亂，使得越獄幾乎成為不可能的任務。三十年來共計十四起越獄計畫，但犯人不是被抓、淹死，就是當場被射殺身亡。謠傳唯一成功的越獄案發生在 1962 年，三名逃犯事先以湯匙鑿牆，在 6 月 11 日晚間，於床鋪上放置自製的油漆假人，騙過夜間巡守的警衛，再由牆後窄小的水管通道攀爬至監獄屋頂，最後在岸邊使用充氣橡皮筏逃離惡魔島。越獄行動在半夜曝光，獄警聯合 FBI 探員展開大規模搜索，卻從未尋獲三人，至今仍去向成謎！

> **DATA**
> 惡魔島
> ◎ 渡輪搭乘地點：Pier 33
> ◎ 電話：415-9817625
> ◎ 購票網站：alcatrazcruises.com
> ◎ 參觀費用：日間行程 35.5 美金、
> 　夜間行程 42.5 美金

不可錯過的惡魔島電影

　　1962 年《終身犯》（Birdman of Alcatraz）、1979 年《逃出惡魔島》（Escape from Alcatraz）、1995 年《黑獄風雲》（Murder in the First）、1996 年《絕地任務》（The Rock）。

美景咖啡館
（Buena Vista Cafe）

　　如同許多美麗的意外，世界第一杯愛爾蘭咖啡的發明，源自於 1940 年代愛爾蘭中部的小港口福因斯——如今的夏農國際機場（Shannon Airport）。當年，小鎮廚師為了招待一群剛下飛機、在愛爾蘭寒冬中凍壞的美國旅客，突發奇想地在咖啡裡加入威士忌以幫助保暖。美國人喝完後好奇詢問這特別的咖啡打哪來，廚師笑說：「這是愛爾蘭咖啡！」

　　美國境內的第一杯愛爾蘭咖啡，則要歸功於旅遊作家史丹頓（Stanton Delaplane）和這家美景咖啡館的老闆傑克（Jack Koeppler）。兩人恰巧都曾在愛爾蘭夏農國際機場喝過傳奇的愛爾蘭咖啡，因而想如法炮製記憶中的美好滋味。在多次嘗試失敗後，傑克甚至專程飛回福因斯品嘗研究，好不容易在 1952 年，終於成功重現了夏農國際機場愛爾蘭咖啡的原味。之後，身為《舊金山紀事報》旅遊記者的史丹頓開始在報紙專欄，多次提及美景咖啡館「美國第一杯愛爾蘭咖啡」的故事，咖啡店從此聲名遠播，成為碼頭旁人潮絡繹不絕的憩息地。

> **DATA**
> 美景咖啡館
> ◎地址：2765 Hyde St.
> ◎電話：415-4745044
> ◎網站：thebuenavista.com
> ◎營業時間：週一至週五 9:00am ～ 2:00am、
> 　週末 8:00am ～ 2:00am
> ◎交通：F、Bus #30, #19, #47、Cable car

阿甘蝦餐廳（Bubba Gump）

　　以電影《阿甘正傳》為靈感與主題的海鮮連鎖餐廳，自1996年在加州蒙特利州發跡，以鮮蝦為烹調主軸，提供超過二十種琳琅滿目的鮮蝦料理、和大獲好評的慢火烤肋排，帶著阿甘樸實的衝勁跑過一州又一州。阿甘蝦餐廳以活潑趣味的氣氛著稱，裝潢陳設處處與電影相呼應，服務生不時還會與客人玩起電影相關的猜謎比賽，輕鬆又歡樂。餐廳提供專為兒童設計的健康套餐，適合攜帶孩童闔家光臨。

> **Data 阿甘蝦餐廳**
> ◎地址：Pier 39 M211
> ◎電話：415-7814867
> ◎網站：bubbagump.com
> ◎營業時間：每日 10:30am ～ 11:00pm
> ◎交通：F、Bus #39, #8X, #47、Cable car

阿里奧圖海鮮湯鍋（Alioto's）

　　誰也沒有料到一道著名的義式海鮮燉湯（Cioppino），其實源自18世紀的舊金山。來自義大利西西里島上聖埃利亞非小鎮的阿里奧圖家族，於1925年開始，在漁人碼頭的八號攤位販賣新鮮漁獲、供應午餐給義大利移工。八年後，小魚攤生意興隆擴展，拓建為漁人碼頭最古早的海鮮餐廳之一，阿里奧圖的妻子蘿絲（Rose Alioto）創新菜單，推出以多種貝類、搭配新鮮番茄燉煮的辣味海鮮燉湯，立即大獲好評。至今九十餘年，原始的家族食譜世代相傳。除了海鮮燉湯，主廚大力推薦的海鮮義式肉捲（Seafood cannelloni）、西西里傳統燒烤（Sicilian mixed grill）和鄧金斯蟹肉餅（Crab cake）也值得一試。

> **Data 阿里奧圖海鮮湯鍋**
> ◎地址：#8 Fisherman's Wharf
> ◎電話：415-6730183
> ◎網站：aliotos.com
> ◎營業時間：每日 11:00am ～ 11:00pm
> ◎交通：F、Bus #30, #47、Cable car

螃蟹之家（Crab House at Pier 39）

　　如果不曾品嚐鄧金斯黃金蟹，就不算來過舊金山漁人碼頭。不同於一般攤販的蒸煮螃蟹，這間位在 39 號碼頭商場二樓的螃蟹之家，以鐵板海鮮（Iron Skillet-Roasted）吸引跨州的遊客嘗鮮。餐廳大掛保證，每隻鄧金斯蟹重量皆達 2 磅以上，主廚先將螃蟹內臟加入胡椒子等數種香料打碎，以白酒、大量蒜蓉翻炒，製成獨家的「蟹味蒜蓉醬汁」，再淋上肥胖的鄧金斯蟹，盛於鐵板入烤箱烘烤。

DATA

螃蟹之家
◎地址：203 C Pier 39
◎電話：415-4342722
◎網站：crabhouse39.com
◎營業時間：每日 11:30am ～ 10:00pm
◎交通：F、Bus #39, #8X, #47、Cable car

波丁麵包（Boudin Bakery）

漁人碼頭旁豎著白色大煙囪的波丁麵包工廠暨博物館，是舊金山著名酸麵包（Sourdough Bread）的起源地。波丁酸麵包於 1849 年，由法國移民麵包師傅伊斯多爾波丁（Isidore Boudin）發明。其硬脆的黃金外殼、鬆軟又有嚼勁的質地，和略酸的香醇口味大受淘金年代礦工們的喜愛，流傳至今。逾百年來，波丁麵包工廠每天仍使用由當年第一塊、以舊金山特有的野生菌種天然發酵而成的酸麵包老麵團（mother dough）來製作新鮮麵包！也讓波丁酸麵包能始終保有最初的原味。目前工廠每日約製作兩萬五千條酸麵包，供應舊金山市多家麵包店與餐廳。工廠二樓設有波丁麵包博物館，能瀏覽波丁麵包的歷史故事、原始老麵團的製作由來、18 世紀中期的麵包製作工具、淘金礦工道具與歷史照片等，並透過落地玻璃俯瞰麵包工廠內師傅製作酸麵包的過程。

DATA

波丁麵包
◎地址：160 Jefferson St.
◎電話：415-9281849
◎網站：boudinbakery.com
◎營業時間：週日至週四 8:00am ～
　9:30pm、週五與六 8:00am ～ 10:00pm
◎交通：F、Bus #47, #30, #39, Cable car

左撇子之家（Lefty's）

　　1978 年創店，Lefty's 為全美國第一間專賣左撇子用品的專門店。在這裡能找到各式各樣專為左撇子設計的文具用品、美術用品、廚房器具、園藝工具、木造工具、甚至還有左撇子專用吉他與運動器材等，即使不是左撇子，逛起來也極富趣味。

左撇子之家
◎地址：39 Pier Box 180
◎電話：415-4450141
◎網站：leftyslefthanded.com
◎營業時間：每日 09:00am ～ 10:00pm
◎交通：F、Bus #39, #8X, #47、Cable car

金融區 & 內河碼頭區
(Financial & Embarcadero)

　　很難想像在一百六十年前，這區摩天高樓林立、繁華忙碌的金融商業圈，竟是海岸線外的沼澤地！因為當時泥濘多沙的貧瘠土質，最早占領舊金山的西班牙殖民政府，寧可將墾荒開發的重心，選在南部豐沃的聖荷西市（San Jose），一直到淘金潮開展，此地才逐漸打破沉寂。1849 年起，歐洲

與美國各地的淘金移民大量湧進舊金山灣，市政府看重此區海港開發的潛能，開始進行填土造地，將海岸線由現在的蒙哥馬利街（Montgomery St.）往東延伸，成立貿易中心與企業總部，並且規劃出由 AT&T 棒球場往北延綿至 45 號碼頭的沿海堤防，兩者分別演變為今日財富五百大企業聚集的金融區（Financial District）、以及景色秀麗的沿岸內河碼頭區（Embarcadero）。

渡輪大廈（Ferry Building）

列為國家歷史地標的舊金山渡輪大廈，由 19 世紀的木造碼頭渡口改造，於 1898 年完工用。在海灣大橋與金門大橋建造前，它是往來於舊金山市、與舊金山灣東岸（又稱東灣）唯一的門戶。每日搭載約五萬通勤人次，為極其重要的交通樞紐。渡輪大廈以建築中央高達 245 英呎、仿 12 世紀西班牙塞維亞天主教堂（Seville Cathedral）標塔的鐘樓，守護著舊金山市中心，歷經 1906 年和 1989 年的兩次大地震仍屹立不搖。如今的渡輪大廈是 2003 年整修擴建的成果，一樓為占地 1,820 坪的歐式市集商場，在這裡，可以一覽舊金山灣區的有機農產美食、加州紅酒乳酪、花卉藝品與在地紀念品。

Data
渡輪大廈
◎地址：1 Ferry Building
◎電話：415-9838030
◎網站：ferrybuildingmarketplace.com
◎營業時間：週一至週五 10:00am ～ 6:00pm、週六 9:00am ～ 6:00pm、週日 11:00am ～ 5:00pm。
◎交通：F、Bus #7, #9, #14, #21, #31, #71、Bart

渡輪大廈農夫市集美食特選
（Ferry Building Farmers Market）

渡輪大廈於每週二、四與六，沿著建築四周搭起一頂頂的白色帳篷，舉行熱鬧烘烘的農夫市集（Farmers Market）。週六的農夫市集規模最大，吸引超過一百多家攤販共襄盛舉，展售由當地小農直銷的生鮮蔬果與農產、熱食攤販、美式餐車、花卉與手工藝品等。不妨找天晴朗的週六中午前往參觀，體驗道地的加州市集，並在海灣大橋碼頭旁享用舊金山風味小吃，更有意思。

Prather Ranch Meat Co. Hotdogs

自北加州錫斯基尤縣沙斯塔火山下的小牧場起家，肉品生意由當地的農夫市場，拓展至舊金山灣區。除了渡輪大廈內的固定店面，週六有時會在大廈東側門旁加設熱狗攤販，我們每回前往時，總會先來此嗑上一盤。Prather Ranch 飼養動物的方式煞費苦心，首先以人工育種方式，培育優良血統登記的牛豬隻，每隻種畜都編號建檔管理，隨後在開放式的有機牧草場上自然放牧，無施打生長激素或餵食動物性蛋白。而為了讓動物們在冬暖夏涼的氣候下「舒壓」成長，動物們夏天來到北加州的 Macdoel 乘涼、冬天則南遷 Sacramento 山谷避寒。如此大費周章，就為了養出高品質的健康肉品。

Hog Island Oysters

舊金山首屈一指的美味生蠔非此地莫屬！Hog Island 生蠔養殖於金門大橋以北馬林郡的托馬利灣（Tomales Bay）中，收成後置入經紫外線燈殺菌過的鹽水中，淨化 24 小時以上才送入市場，撬開後汁水清澈。著名的 Sweetwaters 太平洋生蠔形

狀圓巧、肉質柔嫩豐潤，鮮甜中帶清新海鹽餘韻，吃完後得掙扎地抑制想扛一磅回家大啖的衝動。Hog Island 週六農夫市集的攤位設於大廈建築北側，新鮮的生蠔由托馬利灣當天直送，現買現剝殼。食用時，擠上幾滴洋蔥檸檬汁一起入口，更添風味層次。

Marshall's Farm Honey

Marshall's 蜜蜂農場位於氣候宜人的納帕山谷，以多達 650 個蜂巢，養殖不同的「單花種」純天然蜂蜜，包括加州矢車菊蜂蜜、尤加利蜂蜜、香橙花蜂蜜、鼠尾草蜂蜜、薰衣草蜂蜜等，以及約 25 種的「多花種」野花蜂蜜。Marshall's 的農夫市集攤位於渡輪大廈建築南側，多種蜂蜜可供試吃。農場最熱門的得獎蜂蜜為：加州矢車菊蜂蜜（Star Thistle），質地自然，香氣濃郁、口感甘醇而不會過重，很好搭配食材。泡杯臺灣高山烏龍時放入一小湯匙，就成了微甜不膩的蜜香烏龍。

Data
渡輪大廈農夫市集
◎地址：1 Ferry Building
◎市集時間：週二與四 10:00am ～ 2:00pm、週六 8:00am ～ 2:00pm

海灣大橋（Bay Bridge）

1926 年落成的海灣大橋，肩負著連接舊金山市、耶巴布埃納島（Yerba Buena Island）與東灣奧克蘭市的關鍵任務，每日約有二十八萬輛車次通行，車流量是金門大橋的 2 ～ 3 倍，重要性不可言喻。1989 年舊金山勒馬普利塔大地震，導致耶島以東的東跨橋（East Span）上層橋面崩塌，交通一度陷入癱瘓。有鑑於此，市政府費時 11 年、斥資 72 億美金，完成海灣大橋整修計畫，不僅強化原有的雙層懸索式西跨橋，東跨橋更是整體重建。嶄新的雪白東跨橋為單塔自錨式抗震懸索鋼橋，雙向共計十線道，打破金氏世界紀錄，成為全世界最寬敞的橋梁！

Data
海灣大橋
◎交通：F、Bus #7, #9, #14, #21, #31, #71、Bart

富國運通博物館（Wells Fargo History Museum）

1852 年由美國運通創辦人亨利威爾斯（Henry Wells）、威廉法格（William Fargo）共同於舊金山成立，為加州的淘金潮商人們提供結合銀行與運通的服務。在橫貫美國大陸的太平洋州際鐵路於 1869 年通車以前，富國公司提供的驛馬車快遞（Stagecoach）和小馬快遞（Pony Express），壟斷了當時西岸加州與東岸城市的馬車運輸，結合向淘金商人收購金礦後，鑄成金幣出售的貨幣流通業務，相輔相成造就了今日的富國銀行。博物館內收藏有淘金時期的挖礦工具、金礦地圖，並展出早期銀行的電報機、發報器、快遞歷史信件、1860 年代的快遞驛馬車原型，以及 19 世紀傳奇驛馬車搶匪——黑巴特（Black Bart）的追捕過程。

DATA
富國運通博物館
◎地址：420 Montgomery St.
◎電話：415-3962619
◎網站：wellsfargohistory.com
◎開放時間：週一至五
　9:00am ～ 5:00pm
◎參觀費用：免費
◎交通：Bus #1, #10, #41、
　Cable car

泛美金字塔（Transamerica Pyramid）

建於 1972 年，這座樓高 256 公尺、共四十八層的四面金字塔後現代主義建築，為舊金山城市天際線中的顯著地標。作為市裡最令上班族嚮往的辦公大樓之一，高層樓辦公室享有俯瞰舊金山市 360 度全景直至舊金山灣對岸的優越地位。金字塔本身雖不對外開放，但建築旁卻深藏不露著舊金山市區唯一的紅杉木公園（Transamerica Redwood Park）！於週一至週五上班時間開放民眾自由進出。公園內育有高聳直立的北美紅杉木，彷彿置身迷你森林中令人心曠神怡，成為許多城市內行人午間野餐或午後散心的祕密基地。據說大作家馬克吐溫（Mark Twain）便曾來此寫作，而園內的一池青銅跳蛙噴泉，更是以其著名的幽默小說《卡城的著名跳蛙》（The Celebrated Jumping Frog of Calaveras County）為靈感，向這位美國大文豪致敬。

DATA
泛美金字塔
◎地址：600 Montgomery St.
◎開放時間：紅杉木公園週一
　至五 10:00am ～ 3:00pm
◎交通：Bus #41, #10, #1, #8X

舊金山鐵路博物館（San Francisco Railway Museum）

　　小而精緻的博物館商店內，陳列詳盡的舊金山鐵路歷史、照片與工藝品，包括 F 街車與叮噹車的演進，都能在這裡一覽無遺。博物館底端展示著 1911 年舊金山首輛街車的車長室實體尺寸複刻模型，讓民眾可置身操作室體驗感受。

Data
舊金山鐵路博物館
◎地址：77 Steuart St.
◎電話：415-9741948
◎網站：streetcar.org/museum
◎開放時間：週二至日
　10:00am ～ 6:00pm
◎參觀費用：免費
◎交通：F、Bus #7, #9, #14, #21,
　#31, #71、Bart

Local Edition

　　藏於市場街和第三街交叉口的赫斯特大樓（Hearst Building）地下室，這棟大樓以美國媒體大亨威廉赫斯特為名，其擁有的《舊金山評論報》（The Examiner）總部辦公室，在舊金山大地震燒毀前便是座落於此。當年大樓內還包括其他兩家競爭報社，因而舊金山人戲稱此轉角為「報業角」（Newspaper Angle）。為了向這具有百年歷史意義的位址致敬，酒吧遂以報紙媒體為主題，營造出濃厚的 50、60 年代報業氛圍。酒吧外沒有明顯招牌，顧客需以入口處的懷舊時鐘為識別，通過保全人員的檢查後進入地下室。走下階梯，映入眼簾的是一整區珍貴舊報，蒐藏著 1906 年舊金山大地震時的各大報頭版報導、1937 年金門大橋的完工記載等……雖然在地下室，但挑高的格局讓酒吧內部極為寬敞，沙發座以古董打字機為裝飾，室內建置有復古劇院式的演出舞臺、和古董電影放映機。酒保們的打扮也十分報童，就連酒單都採用報章字體和排版呈現，深具巧思。

Data
Local Edition
◎地址：691 Market St.
◎電話：415-7951375
◎網站：localeditionsf.com
◎營業時間：週一至四 5:00pm ～
　2:00am、週五 4:30am ～ 2:00am、
　週六 7:00pm ～ 2:00am
◎交通：F、Bus #5, #21, #31, #38,
　#30, #45, #8X、Bart

Eatsa

　　沒有什麼能比一間全科技自動化餐廳，更能代表舊金山的產業特色了！正午時間來到 Eatsa，先別被繞著餐廳外圍大排長龍的景象嚇退，人潮雖然熙攘，但隊伍移動的效率十足。踏入店裡，遍尋不著任何外場服務人員、沒有收銀櫃台，取而代之的是一整排結合 iPod 和 Square 的自動化點餐支付系統。顧客透過觸控螢幕點選餐飲後，直接刷卡付款，幾秒後，姓名便會出現在數位螢幕牆上。螢幕的下方牆面，則是一格格如置物箱的半透明方格，當餐點準備完成後，個人名字旁便會出現一組數字，這時對照數字的方格玻璃瞬間變色，嘩啦！個人餐點便神奇地出現在方格中。前往取餐時，觸點一下玻璃門便能解鎖開啟，從點餐到取餐的過程快速有效率，更是科幻味十足。

　　餐廳除了科技化噱頭，餐點也很「加州健康」！以近年超夯的超級穀物─藜麥（Quinoa）取代米麥，搭配不同蔬食配料與特製醬汁。藜麥曾被美國太空總署 NASA 評估為最適合太空人食用的糧食，富含蛋白質、多種氨基酸、纖維、鈣、鎂、鉀、鐵等礦物質，且容易被人體吸收、低鈉又不含膽固醇，深獲重視養身的加州人喜愛。Eatsa 的經營定位在「優質的隨性速食」（Premium Fast Casual），創辦人提姆楊（Tim Young）笑說，「我想要改變人們對速食的想像。速食快餐也可以很健康、好吃、且充滿營養！」

Data

Eatsa
◎地址：121 Spear St.
◎電話：415-9304006
◎網站：eatsa.com
◎營業時間：週二至週四 7:00am ～ 5:00pm、
　週五 7:00am ～ 3:00pm
◎交通：E、F、Bus #14, #21, #30X, #31、Bart

La Fusion

　　二十年前，來自薩爾瓦多的主廚愛德華多（Eduardo Bonilla）和墨西哥主廚安利奎（Enrique Urrutia）在加州相遇，志同道合的兩人埋下未來一起開餐廳的夢想種子。2011年，這個美國夢終於在舊金山的金融區實現，如同餐廳名稱「融合」（Fusion），雙主廚以加州本地食材為創作靈感，結合中美洲家鄉的料理手法，提供道地的拉丁美味。在這裡可以品嘗到阿根廷式牛肉烤餡餅（Empanada）、搭配南美黃椒醬的多明尼加式萊姆滷漬炸雞（Chicharron de pollo），或是餐廳最受歡迎、承襲自愛德華多祖傳食譜的薩爾瓦多烤雞（Rotisserie Chicken）。祖傳烤雞採用加州放山雞慢火細烤，烤雞外皮薄脆金黃而肉質鮮嫩多汁，搭配多種香料調製成的芹香酸辣醬（Chimichurri Sauce），美味可口。

DATA
La Fusion
◎地址：475 Pine St.
◎電話：415-7810894
◎網站：lafusion-sf.com
◎營業時間：週一至五 11:30am～3:00pm、5:00pm～10:00pm；週六 5:00pm～10:00pm；週日公休
◎交通：Bus #8X, #3

La Mar

　　曾獲米其林美食指南評鑑兩顆星，稱之為「美國境內最佳拉丁美洲餐廳」。餐廳創辦人蓋斯頓（Gaston Acurio）由法國巴黎藍帶廚藝學院畢業後，回祖國推動祕魯美食，曾為祕魯前總統規劃餐飲，目前在南美洲、北美洲、歐洲擁有超過三十家祕魯餐廳，被譽為第一位將祕魯道地美食成功帶出國際大放光芒的祕魯名廚。餐廳最著名的餐點為「祕魯國菜」：檸檬醃生魚（Cebiche Clásico），採用加州比目魚，以青檸檬與海鮮湯醃漬，加入洋蔥與墨西哥辣椒提味，再搭配安格拉斯白玉米與甜薯作配料，清爽開胃。

DATA
La Mar
◎地址：Pier 1.5 Embarcadero
◎電話：415-3978880
◎網站：lamarcebicheria.com
◎營業時間：午餐週一至週日 11:30am～2:30pm、晚餐週日至週三 5:30pm～9:30pm、週四至週六 5:30pm～10:00pm
◎交通：F、Bus #7, #9, #14, #21, #31, #71

Chaya Brasserie

　　創辦人角田雄二（Yuji Tsunoda）傳承四百年前家族於日本葉山町開設日影茶屋（Hikage Chaya）歷史老店的榮光，將重視精工食材的日式懷石宴席，結合講究佐料層疊、風味細緻的巴黎料理藝術，激盪出跨國界的創意餐廳。餐廳以日文茶屋「Chaya」和法文餐館「Brasserie」結合命名，採當代法國料理烹調手法，靈活混搭加州當季食材與日式調味，創造出雙重的味蕾享受。主廚親自推薦的海膽燉飯（Uni Risotto），融合加州聖塔巴巴拉的鮮甜海膽、肥美的鄧金斯蟹肉、帕瑪森起士與龍蝦高湯，以文火煨煮，質地濃郁彈口。另一道肉質細嫩的乾燒黑鱈魚（Soy-Glazed Black Cod），則以高溫先將鱈魚表面佐上特製日式柚子醬油，乾燒至表面焦甜以鎖住鮮美肉汁，隨即放入烤箱悶熟。搭配白菜、海藻與季節時蔬，完美平衡黑鱈魚油脂豐富的滋味。

Data

Chaya Brasserie
◎地址：132 Embarcadero St.
◎電話：415-7778688
◎網站：thechaya.com/san-francisco
◎營業時間：週一至五午餐 11:30am ～ 2:00pm、週一至三晚餐 5:30pm ～ 10:00pm、週四與五晚餐 5:30pm ～ 10:30pm；週六晚餐 5:30pm ～ 10:30pm、週日晚餐 5:30pm ～ 9:00pm；週末不供應午餐
◎交通：F、Bus #7, #9, #14, #21, #31, #71

希思陶器（Heath Ceramic）

　　1948 年在舊金山北灣的索薩利托（Sausalito）小鎮起家，希思陶器是美國「中世紀現代風格」（Mid-century modern）工藝設計的代表品牌之一。小心翼翼地將陶器承捧托起，手中感受著陶土的樸質；沒有多餘的綴飾，希思陶器的美感經由陶土本身的圓融形狀、溫潤質地、和細緻彩釉中散發而出。創始人艾蒂斯希思（Edith Heath）歷經美國經濟大蕭條年代，為了節省燒製能源，在反覆嘗試下竟開發出僅需單窯一次低溫燒成、卻能獲得高溫二次燒製效果的特殊坏土，製成的器皿質地細膩、了無氣孔，更有著近乎瓷器的質感，歷時耐用。因溫潤優雅的獨特氣質，希思陶器在加州深獲許多名廚餐廳、烘培咖啡館的青睞。想帶回具有地方代表性、又不失大方的體面贈禮或收藏品？不妨來此挖寶！

DATA　希思陶器
◎地址：One Ferry Building, Suite 12
◎電話：415-3999284
◎網站：heathceramics.com
◎營業時間：週一至五 10:00am ～ 7:00pm、週六
　8:00am ～ 6:00pm、週日 11:00am ～ 5:00pm
◎交通：F、Bus #7, #9, #14, #21, #31, #71、Bart

T–We Tea

　　品牌創始人克里斯多福（Christopher Coccagna）擁有專業茶師證照，曾旅居紐西蘭、澳洲、泰國、新加坡、越南與柬埔寨，深受英式下午茶與亞洲飲茶文化洗禮。返回舊金山後，克里斯多福決心開創獨具特色的「調配茶」──講求自然、無萃取添加，以新鮮原味茶葉，依照各種茶葉屬性與

味道，按比例混合、調製出不同的口味。品牌提供超過二十種創意調配茶，包括由經典英式 Earl Grey 紅茶改良的新茶配方「Guurl Grey」，便是以斯里蘭卡錫蘭紅茶與印度阿薩姆紅茶葉為基底，混伴加州橙皮、茉莉花的新式伯爵茶。追求特殊風味的飲茶客

Data

T-We Tea
◎地址：50 Post St., Galleria Center 1F
◎電話：415-5002097
◎網站：t-wetea.com
◎營業時間：週一至週五 10:00am ～ 6:00pm
◎交通：F、Bus #5, #21, #31, #38, #8X, Bart

也能在此找到天馬行空的創意款，例如帶有茉莉花香甜的埃及洋甘菊花茶「Sleepy Cloud」，而店內銷量最好的茶品，更是以臺灣凍頂烏龍為基底、混搭南島椰絲的「Ohh Laa Cocolong」調配烏龍茶。

笑點俱樂部（Punch Line Comedy Club）

想體驗道地的美式娛樂和文化？不能錯過深得美國人心的現場笑話脫口秀（Stand-Up Comedy）！笑話脫口秀源自於 18 世紀的音樂廳，主持人為了暖場先在舞臺說上幾段笑話，娛樂賓客。二次世界大戰後，專門的笑話脫口秀場地和俱樂部興起，逐漸成為專業的表演秀。藏於金融區的笑點俱樂部在舊金山已有超過三十餘年歷史，包括喜劇天王羅賓威廉斯、脫口秀女王艾倫狄珍妮絲等好萊塢大牌，出道前都曾在此表演，為舊金山最著名的笑話俱樂部。此俱樂部每晚舉辦一至兩場脫口秀，由多位表演者輪流上臺說笑話，笑話常圍繞諷刺種族、文化、年齡、性向與性別等各種辛辣禁忌話題，嘲諷意味十足但不含惡意，敞開心一笑置之，別對號入座囉。

Data

笑點俱樂部
◎地址：444 Battery St.
◎電話：415-3977573
◎網站：punchlinecomedyclub.com
◎營業時間：週二至週四 7:00pm ～ 10:00pm、週五與週六 7:00pm ～ 12:00am、週日 7:00pm ～ 11:00pm
◎入場費用：15 ～ 25 美金
◎交通：Bus #10, #1

Tips

☆俱樂部內附設酒吧，提供調酒、無酒精茶飲和點心，入場前需核驗年齡，因此記得攜帶身分證件（護照）。除了入場票價，場內另有最低消費一人兩杯飲料之規定。

中國城 & 北灘區
(China Town & North Beach)

　　這座北美洲最古老的中國城、亞洲外最大的華人社區，在 1848 年隨著第一批中國移民由廣東抵達舊金山而逐漸成型，現今約有十萬名中國、香港移民集中在這個僅 2 平方公里的狹長土地上。舊金山中國城最主要的兩條大街為都板街（Grant Ave）和市德頓街（Stcokton St.），每年吸引的觀光遊客多於金門大橋！歐美遊客將都板街視如中國文化的大觀園：鮮豔的廟宇式建築沿街而立、屋簷上大紅燈籠高高掛、路旁小店展售著琳琅滿目的中國風紀念小物。相較之下，市德頓街則是忠於原味的菜市場老街，總是擠滿前來買菜、補貨的香港老華僑。除了大陸製品外，在這也能找到不少來自臺灣的家鄉貨。

　　緊鄰著中國城北邊，則是具有「小義大利」之稱的北灘區。街景風情在跨入哥倫布大道（Columbus Ave）後瞬間轉換，密密麻麻的中文招牌改由義大利的綠、白、紅色國旗取代。義大利漁民在 1906 年舊金山大地震後，開始從沿岸的漁人碼頭南遷至此區，引進傳統義大利美食和文化，設立義式餐館、咖啡屋、舞廳與酒吧，成了舊金山著名的夜生活與紅燈區。

二次世界大戰後，美國後現代主義興起，北灘區更成為「垮世代披頭族」（Beat Generation）的文學交流地，著名披頭族小說家傑克凱魯亞克（Jack Kerouac）和詩人艾倫金斯堡（Allen Ginsberg）皆曾居留此地發表創作、揮灑放蕩不羈的自由主義，為之後 60 年代的嬉皮運動播下種子。

走進中國城與小義大利，深刻體會同樣重視傳統與世代家庭價值的中國與義大利新移民，各自在這塊異域努力劃下的歷史軌跡，風格如此鮮明。

中國城牌坊（Chinatown Dragon's Gate）

由國父孫中山書題「天下為公」四字的這座三拱牌坊，宣揚著華人傳統儒家道德規範，與美好社會的政治理想。牌坊建材由臺灣捐贈，於 1970 年建造，其綠簷屋脊上盤踞著雙龍搶珠，城柱兩側則鑄有石獅雕塑，象徵著為城市守護祈福。

中國城牌坊
◎地址：Grant Ave & Bush St.
◎交通：Bus #8X, #30, #45

古聖瑪麗教堂
（Old St. Mary's Cathedral）

建於 1854 年的這座西班牙哥德式教堂，是舊金山最古老的天主教教堂，19世紀時，為眾多愛爾蘭天主教徒的集會禮拜聖地。古教堂鐘樓外掛著一排著名的警世標語：「孩子，注意時光，遠離邪惡」，用以警惕於 19 世紀末罪案頻繁、娼館盛行的鄰近街坊，祈求挽回泯滅的道德感與善良人性。教堂對面的聖瑪麗廣場，為 1911 年國父孫中山與同盟會為辛亥革命籌募經費的基地，公園內立著一尊孫中山紀念雕像。

Data
古聖瑪麗教堂
◎地址：660 California St.
◎電話：415-2883800
◎網站：oldsaintmarys.org
◎禮拜時間：週一至週五 7:30am、12:05pm，週六 12:05pm、5:00pm，週日 8:00am。
◎交通：Bus #8X, #30, #45, Cable Car

天后古廟（Tin How Temple）

美國最古老的中國廟宇，由泉州三邑會成員於 1852 年建造，以感恩媽祖保佑遠渡重洋而來的華人移民。除了主神媽祖外，廟裡另奉有關公、包公、財神爺、濟公等多尊神像，煙霧裊裊。

Data
天后古廟
◎地址：125 Waverly Place
◎開放時間：每日 9:00am ～ 4:00pm
◎交通：Bus #1, #30, #45

花園角廣場
（Portsmouth Square）

　　猶如中國城市井小民的集會中心，廣場內常見席地而坐圍觀打牌的華僑民眾、角落裡老爺們占據桌臺較勁象棋、運動民眾在紀念天安門事件的民主女神像旁打太極、涼亭前樂手喧鬧地和著二胡唱京劇。殊不知這貌似平凡的廣場其實充滿歷史趣味：1846年舊金山的第一面美國國旗在此升起、1848年首批在蘇特磨坊發現金礦的商人山姆布朗恩（Sam Brannan），更是在這廣場上喧嚷展示獲得的金礦石，為舊金山淘金潮揭開序幕！

> **DATA**
> 花園角廣場
> ◎地址：733 Kearny St.
> ◎交通：Bus #8X, #1

華盛頓廣場公園（Washington Square Park）

　　座落在北灘（North Beach）「小義大利區」的華盛頓廣場（Washington Square Park），是舊金山市裡最具故事性的小公園。以聖彼得保羅大教堂為背景，這片枝葉扶疏、青翠綠茵的草地，是 1924 年瑪麗蓮夢露拍攝婚紗的場景，中央還矗立著一尊美國建國元勳——班傑明富蘭克林（Benjamin Franklin）的銅像。銅像沒什麼大稀奇，許多人不知道的卻是，在銅像的底部，其實深埋著百年的時空膠囊！

　　十九世紀末，百萬富翁亨利康格史威（Henry D. Cogswell）將內含歷史報紙的第一顆時空膠囊埋下，一百年後，當時的舊金山市長黛安范士丹（Dianne Fienstein）動土挖出，並埋入第二顆新時空膠囊，預定於 2079 年開啟。傳說，這顆新時空膠囊內，藏有古董級的初版 Levi's 牛仔褲、納帕紅酒、美國大作家亞米斯德莫平的《城市故事 Tales of the City》，以及城市之光書店創辦人、同時是五零年代披頭族著名詩人勞倫斯費林蓋堤（Lawrence Ferlinghetti）的親筆詩作，究竟是真是假？還得等六十三年才知道。令人不禁想像的是，2079 年的第三顆時空膠囊內，未來的人們會選擇放入什麼？而若是現在的你能選擇三樣物品，藏進私人限定的時空膠囊中，你又會想放入什麼呢？

DATA
華盛頓廣場公園
◎地址：Union St., Powell St., Stockton St. & Filbert St.　　◎交通：Bus #30, #8X

聖彼得保羅大教堂（Saints Peter and Paul Church）

於 1924 年重新落成，這座高 191 英呎、潔白莊嚴的哥德復興式雙塔教堂，為北灘區天主教徒的精神指標。教堂最初是為了移民至舊金山的義大利教徒所建，百年來成為當地義大利裔居民的文化中心，被稱做「西方的義大利主教座堂」（The Italian Cathedral of the West）。橫跨教堂正面的石牆上，嵌刻著義大利詩人但丁的史詩神曲（Dante's Paradiso）裡，著名的詩句原文：「他的榮耀感動所有事物，滲透、且照耀著整個宇宙。」

1954 年，瑪麗蓮夢露（Marilyn Monroe）和棒球明星喬迪瑪吉歐（Joe DiMaggio）在舊金山市政廳公證結婚後，來到此教堂前階梯拍攝婚紗照，成為當地人津津樂道的話題。如今，教堂週日仍常見義大利裔家族在此熱鬧禮拜。

聖彼得保羅大教堂
◎地址：666 Filbert St.
◎電話：415-4210809
◎開放時間：每日 7:30am ～ 4:00pm
◎交通：Bus #30, #8X

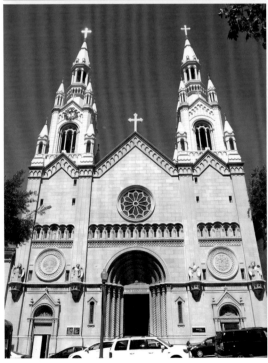

城市之光書店
（City Lights Bookstore）

　　私營書店被列為城市歷史地標可
是史上頭一遭，然而由美國詩人勞倫
斯費林蓋（Lawrence Ferlinghetti）於
1953年創辦的這間「城市之光書店」，
倒也不是間平凡的書店。二次世界大
戰後，美國文學界出現了一批懷抱浪
漫主義情懷與反主流意識型態的青年
詩人與作家，以前衛不羈、宣洩嘲諷
的文字批判當年的陳腐社會。為了支
持精神自由與文學解放的理想，勞倫
斯與友人共同籌資開辦此間書店，獨
立印製、出版這群年輕文學先鋒的創
作。披頭族世代的文學經典代表作品：
艾倫金斯堡的《嚎叫》（Howl）詩集，
便是在此出版問世。《嚎叫》的出版
不但撼動社會，更遭來政府關切，將
勞倫斯以「傳播淫穢作品」罪名逮捕，
將全數詩集以「猥褻」罪名扣押。勞

Data
城市之光書店
◎地址：261 Columbus Ave.
◎電話：415-3628193
◎網站：citylights.com
◎營業時間：每日 10:00am ～ 12:00am
◎交通：Muni #8X, #12, #41

倫斯憤而上訴，最終被法官認定無罪，書籍也得以解禁流通，此舉不但將
披頭族文學運動推至頂峰，更成為出版史上爭取言論自由的經典案例。

傑克凱魯亞克巷（Jack Kerouac Alley）

　　夾在城市之光書店與維蘇威酒館中間的小巷弄，在城市之光書店創辦人暨詩人勞倫斯費林蓋（Lawrence Ferlinghetti）的推動下，由原本灰暗的髒穢後巷，改造為彩繪步道，以「垮世代披頭族」代表詩人—傑克凱魯亞克（Jack Kerouac）為名。造訪書店時，順道踏尋這短短的小巷，窺探由本地藝術家揮灑的壁畫牆、和嵌刻著多位垮世代詩人作品的步磚。

> **DATA**
> 傑克凱魯亞克巷
> ◎地址：Jack Kerouac Alley
> ◎交通：Bus #8X, #12, #41

科伊特塔（Coit Tower）

　　外型貌似消防噴水龍頭的科伊特塔，是建築師小亞瑟布朗於舊金山的代表作之一。高塔以名媛「莉莉西區考克科伊特」（Lillie Hitchock Coit）為名。童年時期曾於火災中生還的莉莉，為20世紀初著名的消防女義工，多次參與舊金山市救災滅火的工作。莉莉逝世後，將三分之一遺產：共計11萬8千美金，捐贈給舊金山市建設市容，政府於1933年，在電報山頂設立科伊特塔以茲紀念。走進科伊特塔，環狀走廊上幅幅相連的大型壁畫映入眼簾，豐富的畫作由二十六位壁畫藝術家共同完成，寫實地描繪著當時社會的生活百態，隱隱透露出宣揚種族平等、與社會主義的左派思潮。高210英呎的塔頂設有360度景觀台，能觀賞舊金山市容、舊金山灣景和惡魔島。

> **DATA**
> 科伊特塔
> ◎地址：1 Telegraph Hill Blvd.
> ◎電話：415-2490995
> ◎開放時間：五月至十月每日 10:00am～5:00pm、十一月至四月每日 10:00am～5:00pm
> ◎景觀室門票：2～8美金、四歲以下孩童免費
> ◎交通：Bus #39

九曲花街（Lombard St.）

位於俄羅斯山坡（Russian Hill）上鼎鼎大名的倫巴底街（暱稱九曲花街），被譽為「世界最彎曲的一條街」。倫巴底街築於高達 27 度的陡峭斜坡上，由於坡度過陡不適合車輛直線通行，因此於 1923 年被改建成由八個橫向 S 型急彎構成的單向道路，且以紅磚石鋪設路面以增加摩擦阻力，通行的車輛只能以時速 8 公里下坡緩行。夏日時節，爭奇鬥豔的加州花卉與草木在崎嶇蜿蜒的坡道間盛開，車輛緩如蝸牛般於花園中迂迴。沿著花街兩側的階梯拾階而上，在坡頂海德街能眺望北方惡魔島、與東邊科伊特塔的屏息美景！

DATA
九曲花街
◎地址：Lambard St. 於 Hyde & Leavenworth St. 之間
◎交通：Cable Car

西洋鏡餐廳（Cafe Zoetrope）

於舊金山大地震隔年完工，這棟形似熨斗的銅綠色古老建築，除了特殊顯眼的外貌，歷年的住客更加引人興趣。20 世紀初期，這裡曾是被稱作「舊金山地下市長」、惡名昭彰的幫派老大艾貝魯夫（Abe Ruef）的犯罪總部。1972 年，執導「教父」的大導演法蘭西斯柯波拉（Francis Ford Coppola）買下此棟大樓，至今仍是其美國西洋鏡電影公司（American Zoeptrope）的製片總部。

雖然遊客無法進入哥倫布大樓裡的電影總部參觀，但不妨前來一樓由導演柯波拉開設的西洋鏡餐廳（Cafe Zoetrope）用餐。從餐廳牆上陳列的歷史照片、導演獎座，能一窺柯波拉的電影製片生涯。餐點以義式料理為主，包括 Panini 三明治、各式義大利麵、披薩、Calzone 披薩餃，商業午餐分量十足。然而最著名的仍是導演柯波拉在加州納帕區和索諾瑪區分別擁有的 Francis Ford Coppola Winery 和 Virginia Dare Winery 兩酒莊所產之葡萄酒，吸引對葡萄酒有興趣的顧客光顧品嘗，品酒價位為 15 ～ 18 美金，可於品酒單上任選三款葡萄酒。

DATA
西洋鏡餐廳
◎地址：916 Kearny St.
◎電話：415-2911700
◎網站：cafecoppola.com
◎營業時間：週一至週五
　　11:30am ～ 10:00pm、
　　週六 12:00pm ～ 10:00pm、
　　週日 12:00pm ～ 9:00pm
◎交通：Bus #8X, #10, #41

臭玫瑰大蒜餐廳
（The Stinking Rose）

不論料理還是裝潢全都蒜味十足，餐廳一個月就得使用超過 3,000 磅的蒜頭，從餐前調酒、主餐海鮮、牛排、烤雞、義大利麵，甚至餐後冰淇淋全都採用大量蒜頭調味！招來不少「聞香」而來的食客。熱門料理包括 Bagna Calda，暱稱為「泡澡的大蒜」，以滿鍋的蒜瓣浸泡在橄欖油、奶油熱盤中低溫燉煮而得名，沾上免費提供的義大利弗卡夏餐

前麵包和特製青蒜醬，令人停不下口。主餐則以海鮮料理如鐵板淡菜（Sizzling Iron Skillet Mussels）和蒜濃海鮮燉湯（Zuppa di Pesce）為人氣指標。

臭玫瑰大蒜餐廳
◎地址：325 Columbus Ave.
◎電話：415-7817673
◎網站：thestinkingrose.com
◎營業時間：每日 11:30am ～ 10:00pm
◎交通：Bus #8X、#41、#12

維蘇威歐酒館（Vesuvio）

與城市之光書店僅一巷之隔的這家小酒館，為當年「垮世代披頭族」詩人與藝術家們消磨時光的聚會場地。代表人物傑克凱魯亞克（Jack Kerouac）與尼爾卡薩迪（Neal Cassady）等作家，都常在此地把酒言歡，流連忘返。古老的酒館內掛滿前衛的現代藝術畫作，以及披頭族年代的剪報影像。店門口的馬賽克彩繪玻璃於夜晚映著霓虹，承襲著 50 年代以來的頹廢放浪風情。

維蘇威歐酒館
◎地址：255 Columbus Ave.
◎電話：415-3623370
◎網站：vesuvio.com
◎營業時間：週一至週五 8:00am ～
　2:00am、週末 6:00am ～ 2:00am
◎交通：Bus #8X、#12、#41

南京小館（House of Nanking）

中國城旁深受西方人歡迎的中餐廳。南京小館的老闆是一對來自香港的上海夫妻，1988 年於舊金山中國城創店，便以清新具創意的私房江南菜擴獲人心，即使排隊一小時也不減老外饕客用餐熱情。來到南京小館不用急著看菜單，這兒令人津津樂道的用餐體驗是，服務老道的老闆娘不會以貌取人卻有能力以貌「選菜」：憑著觀察該桌顧客，進而猜選客人喜愛的口味，然後直接幫你推薦配菜，也讓來此用餐充滿了驚喜與趣味。

DATA
南京小館
◎地址：919 Kearny St.
◎電話：415-4211429
◎營業時間：週一至週五 11:00am ～
　09:00pm、週末 12:00am ～ 9:00pm
◎交通：Bus #8X, #10, #41

嶺南小館（R&G Lounge）

獲得米其林一星評鑑的廣東餐廳，提供港式口味菜餚，熱門餐點包括椒鹽鄧金斯黃金蟹、生菜蝦鬆、乳鴿烤鴨與港式煲湯。螃蟹與龍蝦類，除了鮮活現殺外，可自由選配烹調方式，不論想清蒸、蒜茸蒸、紹酒蛋白蒸、蒜炒、豉汁、椒鹽，還是熱煲，都不成問題，唯一的問題是餐廳外大排長龍的饕客，熱門程度連前美國總統夫人蜜雪兒歐巴馬與女兒都曾慕名前來用餐。

DATA
嶺南小館
◎地址：631 Kearny St.
◎電話：415-9827877
◎網站：rnglounge.com
◎營業時間：每日
　11:00am ～ 9:30pm
◎交通：Bus #8X, #1

好旺角飽餅店（Good Mong Kok Bakery）

位在中國城內傳統市場老街─市德頓街（Stockton Street）上的熱門港式糕餅店，提供多樣港式飲茶點心外帶，包括經典蝦餃、燒賣、韭菜餃、蒸叉燒包、葡式蛋塔等，不僅料多大顆，價格更是別處找不到的便宜划算。旅程中若想節省用餐費，來這外帶一餐準沒錯。

DATA
好旺角飽餅店
◎地址：1039 Stockton St.
◎電話：415-3972688
◎營業時間：每日7:00am ～
　6:00pm
◎交通：Bus #30, #45, #8X

下城區（SOMA）

暱稱 SOMA（South Of Market）的下城區，於 19 世紀中期迅速發展，由填海新生的低密度住宅地，轉變為新興產業聚集的工業區。倉儲、物流中心、輕工業工廠在此區簇擁而立，成為當時藍領階級歐洲移民的大本營。隨著 1980 年代的城市再造計畫，舊金山最大的國際會議貿易中心（Moscone Center）在下城區啟用，城市公園、美術館、博物館等紛紛開幕，讓這兒搖身一變為藝術與創意活躍的匯流中心。從前的老舊廠房被改建成為一間間挑高的閣樓工作室，吸引了本地藝術家和大量的網路科技創業家進駐。

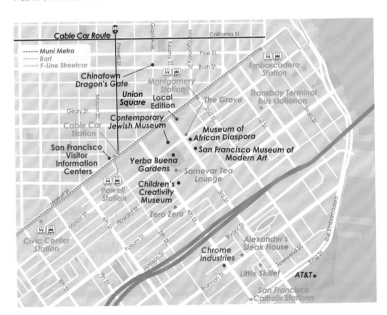

2001 年網路泡沫化重創全球經濟，多數在舊金山乘浪而起的電子商務公司瞬間倒閉，使得下城區一度蕭條冷清。十年後的今日，下城區重振旗鼓，再次甦活為新一代網路軟體和多媒體遊戲產業的創業搖籃，引領舊金山現今的蓬勃經濟，培育著無可限量的新科技發展。

芳草地花園（Yerba Buena Gardens）

這片 5.5 英畝的公園綠地，是舊金山市中心鬧中取靜的城市淨土。蔥翠宜人的草坪上分散林立著義大利傘松、木蘭樹、無花果樹、野生酸蘋果樹、櫻花樹等樹林，在陽光灑落的午後時光，吸引了忙裡偷閒的城市人來放鬆心靈，不論是拎著餐盒享受草地野餐、盤坐櫻花樹下來杯咖啡，或者單純躺在草地汲取溫暖日光，短暫將生活的喧囂拋在腦後。

公園底端為兩層樓高的瀑布造景。隱藏在水簾後方，是榮獲諾貝爾和平獎、美國民權運動領袖馬丁路德金（Martin Luther King）的紀念隧道。20 英呎的長廊內，記述著馬丁路德為了種族平等與自由主義的奮鬥過程，彷彿走進了歷史的隧道。

逛完長廊，沿著瀑布右邊的階梯上行，來到姐妹城市花園（Sister City Gardens）。花園以舊金山十三個姐妹城市所捐贈的花草布置，可見臺北鐵樹、大阪雛菊、首爾白花藤等。開闊的瀑布頂部平臺上能欣賞城市的一隅風景，是芳草地花園中賞景的靜謐角落。

DATA

芳草地花園
◎地址：Between 3rd, 4th, Mission and Folsom St.
◎電話：415-5431718
◎網站：ybgfestival.org
◎開放時間：每日 6:00am ～ 10:00pm
◎交通：Bus #14、#30、#45、#8X

TIPS

芳草地花園節慶

每年 5 ～ 10 月初的芳草地花園節慶（Yerba Buena Gardens Festival），公園草地上將搭起舞臺，舉辦一系列音樂會、舞蹈、藝術等現場表演，民眾可免費參加！表演時程與團體可於 ybgfestival.org/events 網站查詢。

兒童創意博物館（Children's Creativity Museum）

以天橋連接著芳草地花園，這塊占地 3 萬 4 千平方英呎、自成僻靜一角的兒童創意博物館，為深獲家長和孩童喜愛的親子園地，每逢例假日，博物館園區內孩童們嬉笑玩鬧，不亦樂乎。

Data
　兒童創意博物館
◎地址：221 4th St.
◎電話：415-8203320
◎網站：creativity.org
◎開放時間：博物館週二至週日 10:00am ～ 4:00pm，旋轉木馬每
　日 10:00am ～ 5:00pm。
◎參觀費用：12 美金、2 歲以下孩童免費；旋轉木馬兩趟 4 美金
◎交通：Bus #8X, #14

　　不同於一般的遊樂場，舊金山兒童創意博物館著重啟發孩童的創意潛力，館內提供豐富的多媒體資源，分成數個互動藝術園區。在工作人員和家長的帶領下，小朋友們不但能將親手捏造的卡通陶土角色拍攝成動畫光碟、自組樂團製作音樂錄影帶、學習使用多媒體軟體畫畫，甚至和駐館的藝術家們一同打造兒童藝術展覽。此外，博物館大門前的彩繪音樂旋轉木馬更具有百年歷史，以手工刻造而成。木馬原先位於已歇業的舊金山濱海遊樂園，後由市政府於 1998 年買下修復，移至現址重新運轉。

猶太博物館
（Contemporary Jewish Museum）

　　由美國知名解構派建築師丹尼爾伯斯金（Daniel Libeskind），以 1907 年遺址上的古發電廠重新改造設計。丹尼斯保留發電廠的復古紅磚牆、玻璃天窗與鋼筋架頂等工業建築外觀，銜接上啟發自希伯來語「L'Chaim」（意為賦予生命力）中字母「L」的不規則巨型幾何構造於左翼。深藍色的幾何建築體由三千片經特殊塗層處理的不銹鋼板鑄成，在不同的光線、氣候、與觀看角度下將呈現微妙的色彩變化，也讓博物館建築本身，成為融合歷史意義與後現代設計的藝術作品，令人驚豔。占地 63,000 平方英呎的博物館旨在啟發對猶太民族文化的現代省思，展覽作品多元，涉及歷史、畫作、攝影、書籍繪本與爵士樂收藏。

Data
　猶太博物館
◎地址：736 Mission St.
◎電話：415-6557800
◎網站：thecjm.org
◎開放時間：週五至週二 11:00am ～
　5:00pm、週四 11:00am ～ 8:00pm；
　週三休館
◎參觀費用：13 ～ 15 美金、18 歲以
　下免費；週五傍晚五點後 5 美金；
　每月第一個週二免費
◎交通：Bus #8X, #14

Tips
☆博物館於每開館日 1:30pm、週四 5:30pm，提供免費導覽團（仍需購買博物館門票）。導覽團人數限制為 20 人，額滿為止，有興趣的遊客請提早前往博物館服務臺洽詢。

舊金山現代美術館
（San Francisco Museum of Modern Art, SFMOMA）

　　漫遊在 2016 年春季嶄新開幕的 SFMOMA 內，穿過一室又一室雪白極簡的展覽空間，踩著北美楓木柔和滑順的自然紋理。午后的自然光線沿著落地窗台和玻璃屋頂傾瀉而下，映出了暖黃的光澤，為偌大的美術館室內，增添一分安詳恬靜的溫暖氣氛。SFMOMA 的改造，由大名鼎鼎的挪威斯諾赫塔建築事務所（Snøhetta）接手，創辦人 Craig Dykers 親自率領２２人團隊設計，這棟斥資逾三億美金的新美術館建築本身，堪稱就是一座龐然的立體雕塑現代藝術。Snøhetta 團隊保留了舊美術館的紅磚框架、和入口廳堂中央，具象徵性的斜切圓柱光頂，倚著老建築的後方，擴增出 SFMOMA 過之而無不及的當代演繹。

　　以「讓建築本身能引發聯想」，並「將美術館和當地環境與社區，結合成一共同體」為原則，SFMOMA 從外觀開始，就在向參觀者述說著充滿舊金山特色的故事。斯諾赫塔設計團隊運用超過 700 片特製的纖維強化高分子複合塑料面板（Fiber Reinforced Plastic, FRP）結合幕牆系統，拼湊出如白色波紋般起伏的不規則流線牆面，詮釋出舊金山灣的水波巨浪、和夏日傍晚瀰漫的白霧。

全美最大生態牆

　　美術館三樓的室外雕塑花園，擁有延綿 4.5 公尺、高達 9 公尺，全美最大的生態植物牆（Living Wall），種植共 19,442 株、37 樣不同品種的植物！其中，多達 40% 為加州或舊金山灣區原生的特色植物，包括野薑細辛、紅酢漿草、蔓越橘、粉紅加侖花、刺羽耳蕨等，都是舊金山市郊近的森林

公園中，常見的植被。植物與土壤被盛裝在以回收水瓶和聚脂纖維做成的毛氈容器中，內建有濕度探測計，適時導入雨水、和由美術館空調系統產出的多餘冷凝水，進行環保灌溉。不僅於此，SFMOMA 也成為美國第一個全館採用 LED 照明的博物館，獲頒美國綠建築協會 LEED（Leadership in Energy and Environmental Design）金級認證，展現出舊金山推動環保和科技智能的產業特色。

新人性化科技導覽

除了令人驚艷的建築景觀，SFMOMA 更與舊金山新創公司 Detour 合作，設計出全美第一套人性化科技語音導覽系統！不同於傳統語音導覽，你我再也不用拿著又大又醜的黑盒子，在每項藝術品前苦尋數字號碼、手忙腳亂地鍵入播放。來到 SFMOMA，只需從個人的智慧型手機上下載官方 APP 軟體，將手機放回口袋、戴上耳機，系統就會自動透過手機的 GPS 定位，跟隨著你的個人步調和參觀路徑，由影集矽谷群瞎傳（Silicon Valley）的諧星 Martin Starr 和 Kumail Nanjiani、法國高空走鋼絲藝人 Philippe Petit、溜旱冰運動員 Suzy Hotrod 等令人出乎意料的導覽員，以不同的敘事角度向你說故事！

Data
舊金山現代美術館
◎地址：151 3rd St.
◎電話：415-3574000
◎網站：sfmoma.org
◎交通：Bus #30, #45, #8X, #14

二十世紀西洋現代藝術大全

身為美國西岸第一座以展示 20 世紀現代藝術為主題的美術館，SFMOMA 館藏超過兩萬六千件畫作、雕塑、攝影、建築設計、多媒體藝術作品，集超現實主義、野獸派、抽象派與普普藝術於大成。著名藝術品包括畢卡索（Pablo Picasso）的「阿爾及爾女人」、傑克森波拉克（Jackson Pollock）的「祕密守衛」、亨利馬蒂斯（Henri Matisse）的「戴帽子的女人」、達利的「戀母情結」，不容錯過。

非洲裔歷史博物館
（Museum of the African Diaspora）

　　沿著非洲裔歷史博物館內階梯向上緩行，三層樓高的非洲女童馬賽克影像，由兩千張攝影照片拼湊，訴說著流散世界各地的非裔族群的故事，震撼人心。創立於 2005 年，該博物館以多元文物、影像、多媒體劇場展演出非洲裔移民的過去與現在，包括大西洋奴隸貿易如何造成非洲大陸人民流散美洲各地、大流散又如何深刻影響非洲裔族群、非洲民族的自由運動，非洲裔民族的獨特音樂舞蹈、裝飾藝術、飲食文化對現代美洲文明發展的影響。

DATA

非洲裔歷史博物館
◎地址：685 Mission St.
◎電話：415-3587200
◎網站：moadsf.org
◎開放時間：週三至週六
　11:00am ～ 6:00pm、週日
　12:00am ～ 5:00pm、週一與週
　二休館
◎參觀費用：5 ～ 10 美金，12 歲
　以下免費
◎交通：Bus #8X, #14, #30, #45

AT&T 巨人隊棒球場

　　舊金山居民最狂熱，且深深引以為傲的三大運動隊伍分別為：金州勇士籃球隊（NBA Golden State Warriors）、49 人美式足球隊（NFL San Francisco 49ers），以及多次獲得職棒大聯盟世界大賽冠軍的舊金山巨人棒球隊（MLB San Francisco Giants）。座落於 40 號碼頭旁的 AT&T 球場為舊金山巨人隊主場，每逢比賽週末，即便周圍公路擁擠堵塞，仍無法澆熄球迷穿戴黑、白、橘色巨人隊球衣帽到場加油的熱情！巨人隊球場斥資 3 億 5 千多萬美金打造，於 2000 年春天啟用，可容納 41,503 名觀眾。AT&T 球場的外野後方就是舊金山灣，比賽時常見外野區海上船隻聚集，等著搶接幸運的全壘打球！球場最佳的觀景區，為捕手後方的高樓層，在觀看球賽的同時，更能一併欣賞海灣景緻，享受獨一無二的觀賽經驗。

DATA

AT&T 巨人隊棒球場
◎地址：24 Willie Mays Plaza
◎電話：415-9722000
◎網站：sanfrancisco.giants.mlb.com
◎票價：29 ～ 250 美金
◎交通：Bus #10, #30, #45、Metro T

Samovar Tea Lounge

　　座落於芳草地花園瀑布頂端，Samovar 的創辦人傑西（Jesse Jacobs）原是科技業軟體工程師，某天對於了無新意的辦公室生活再也無法忍受，決定辭職居遊日本學習茶道。深受禪文化吸引的他，回國後創立 Samovar，分享對東方品茶的美好體驗，提供舊金山上班族一個能健康慢活，重獲創造力與快樂的心靈角落。

　　茶館三面採雙層樓挑高的落地玻璃結構，營造明亮開放的療癒空間，挑張面向城區的沙發座位，就能在此靜靜窺探城市花園。Samovar 嚴選小規模手工製茶農場出產的茶葉，提供多達三十五種不同茶品，包括不同產地的烏龍、普洱、紅茶、綠茶，以及花茶，並堅持不添加化學調味粉或化學糖漿。值得一提的是，這裡也供應多國式特色茶飲套餐，可嘗試日式、中式、印度、俄式、或摩洛哥式茶品、和主廚精心搭配的風味餐點。胃口不大的客人，也可單點沙拉、輕食或甜點，選擇豐富多樣。

Data
> Samovar Tea Lounge
> ◎地址：730 Howard St.
> ◎電話：415-2279400
> ◎網站：samovarlife.com
> ◎營業時間：週日至週三
>   09:00am ～ 8:00pm、週四
>   至週六 09:00am ～ 9:00pm
> ◎交通：Bus #14, #30, #45, #8X

The Grove

　　踏進 The Grove，彷彿來到一巨型森林度假樹屋中。樸質的紅木野餐桌椅隨意擺置；石牆火爐旁，舊皺的皮質沙發圍著原木茶几，隔出了如起

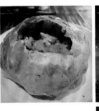

居室般的閒談空間。餐廳老闆肯恩詹可（Ken Zankel）遠從大峽谷物色運來的巨木群矗立室內，撐出挑高的空間。這裡提供經典的美式療癒食物（Comfort Food），例如鹹雞派（Chicken Pot Pie）：厚實的金黃色奶油酥皮下，覆蓋料多豐富的烤雞肉蔬菜濃湯；美國人的童年點心回憶：香濃暖郁的經典起司通心麵；經典的營養早餐班尼迪克蛋（The Grove Eggs Benedict）：在烤酥的英式鬆餅上，放上兩顆白嫩的水波蛋、淋上濃稠的荷蘭蛋黃醬，可搭配煙燻火腿、煙燻鮭魚、或酪梨培根。別錯過獨家特調的薰衣草檸檬汁（Lavender Lemonade），在清新酸甜口感間，獲得平衡與飽足！

Data
> The Grove
> ◎地址：690 Mission St.
> ◎電話：415-9570558
> ◎網站：thegrovesf.com
> ◎營業時間：週一至週五
>   6:30am ～ 11:00pm、週末
>   8:00am ～ 11:30pm
> ◎交通：Bus #8X, #14, #30, #45

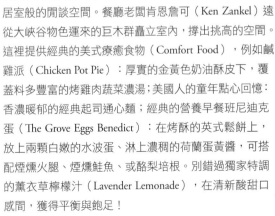

Zero Zero

　　以供應義大利那不勒斯式披薩著稱，附設調酒吧，帶來入夜後下城區下班的人潮。主廚布魯斯西爾（Bruce Hill）為經過專業認證的義大利披薩餅皮師傅，帶來正統那不勒斯披薩製作手法：手甩 14 吋圓形餅皮，中央厚度不超過 0.1 吋、外圍厚度約 0.8 吋，最後送進華氏 800 度的柴窯高溫燒烤。餐廳提供九種披薩風味，包括三種那不勒斯道地口味（Marinara, Margherita, Extra-Margherita）和為美國人偏好設計的加州風味。餐廳採用義大利南部進口、酸度輕且味濃鮮醇的聖馬扎諾番茄製作披薩，季節蔬菜則嚴選自加州本地農場食材，布魯斯稱之為混合加洲風味與那不勒斯傳統的「加勒不勒斯」（Cali-politan）風情。

Data
Zero Zero
◎地址：826 Folsom St.
◎電話：415-3488800
◎網站：zerozerosf.com
◎營業時間：週日至週四 11:30am ～ 10:00pm、週五與週六 11:30am ～ 11:00pm
◎交通：Bus #8X

Alexander's Steak House

　　曾獲米其林評鑑一顆星的著名高級牛排餐廳，不論服務、氣氛或餐飲皆令人十分享受。餐廳提供不同部位的牛排選擇，另有來自日本的進口和牛，滿足饕客需求。來此用餐絕對別錯過的，是享負盛名的乾式熟成（Dry-aged）牛排。乾式熟成的程序繁複，耗時 28 日、且成本高昂，卻能為牛排創造出更濃縮的牛肉風味，以及更柔嫩精緻的肉質。主廚推薦的乾式熟成肋眼牛排，油筋與肉的比例恰到好處、烹調熟度拿捏得宜，使得牛排切面呈現漂亮的粉紅色，口感鮮嫩細膩中略帶 Q 彈，濃縮的肉汁風味在味蕾上四溢呈現。

Data
Alexander's Steak House
◎地址：448 Brannan St.
◎電話：415-4951111
◎網站：alexanderssteakhouse.com
◎營業時間：週一至週四 5:30pm ～ 9:30pm、週五 5:30pm ～ 10:30pm、週六 5:00pm ～ 10:30pm、週日 5:00pm ～ 9:00pm
◎交通：Bus #30, #45, #8X

Chrome Industries

舊金山原創製造，以獨具質感的鋼製安全帶揹釦設計、軍用級耐磨防風雨材質、和實用性與舒適度兼具的設計，成為美國西岸最具辨識度的潮款郵差包。旗艦店內除了展售品牌各式各色包款、更有當季獨賣限量色、年度限定款，並提供訂製或包款改造等服務。門口附設同名咖啡吧，常見自行車或機車騎士前來朝聖小聚。

Chrome Industries
◎地址：580 4th St.
◎電話：415-8205070
◎網站：chromeindustries.com
◎營業時間：週一至週六 10:00am ～
　7:00pm、週日 10:00am ～ 6:00pm
◎交通：Bus #47, #8X

Little Skillet

在遠離景點、毫不起眼的巷弄間，也能嚐到令人心滿意足的隱藏版美食！這間位在下城區靠近 Caltrain 火車站的車庫小攤，就是個在地瑰寶。藏身在工廠的巷道內，點餐窗口小如售票亭，沒有任何內用座位，連取餐處的鐵門也是半拉而起。即便如此不顯眼，招牌的「炸雞鬆餅」（Chicken & Waffles）卻讓在地人好吃道相報。

本店炸雞使用來自帕塔魯馬（Pataluma）的放山雞，與多達二十種的香料調味醃製過夜，不但皮脆入味、肉質鮮嫩，多汁卻不至於感到膩口。記得在取餐處拿包辣醬，

淋上辣醬後的味道最好。除了炸雞外，餐盒內另附兩大塊鬆餅，口感酥脆且具空氣感，與楓糖漿成為絕配，不會太飽脹。

Little Skillet
◎地址：360 Ritch St.
◎電話：415-7772777
◎網站：littleskilletsf.com
◎營業時間：週一至五
　10:30am ～ 3:00pm、
　4:00pm~10:00pm；週
　六 10:30am ～ 2:30pm、
　4:00pm-10:00pm；週
　日 10:30am ～ 2:30pm、
　4:00pm ～ 9:00pm
◎交通：N、KT、Bus #10,
　#30, #45

市政中心區（Civic Center）

　　這片腹地約五個街口的市政中心，於 1906 年舊金山大地震與大火後歷劫重生。一棟棟深受歐洲新古典藝術風格影響的學院派建築（Beaux-Arts）平地而起，不僅成為國家歷史地標，更是舊金山市的最高政治權力角逐中心，以及大型藝術文化的表演場域。步入此區，可深刻感受舊金山市貧富差距的顯著，往北走過富麗堂皇的市政廳後，轉個街角，頓時便踏進了舊金山市最貧窮的區域——田德隆區（Tenderloin）。田德龍區家庭的年收入中位數為 1 萬 9,252 美金，除了貧困，更是犯罪猖狂的集中地。根據舊金山警察局的統計，舊金山的前十大犯罪集中地，便有七塊屬於該區或相鄰街段！處處可見席地而躺的流浪漢、蹣跚怒吼的精神病患、或眼神游離的毒癮者。因此，遊覽市政中心周邊時請謹慎小心，避免入夜後單獨前往。

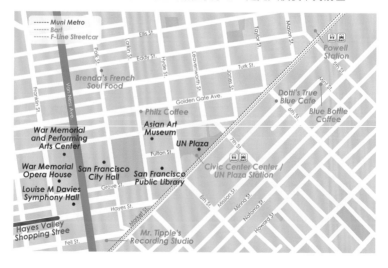

市政廳（City Hall）

　　建於 1915 年，擁有世界第五大圓形穹頂的舊金山市政廳，以梵蒂岡聖彼得大教堂、和巴黎榮軍院為靈感建造，是 20 世紀初美國文藝復興時期，融合法國、羅馬與希臘之新古典藝術流派（Beaux Arts）的代表建築之一。建築師小亞瑟布朗（Arthur Brown Jr.）不惜以 23.5 克拉金箔鑲鍍穹頂，採用滿洲橡木、花崗石、大理石、砂岩等氣派建材，融合巴洛克時期雍容華貴的裝飾藝術、與古希臘神話雕像，創造出具文化縱深和歷史感的新古典藝術之作。

Data

市政廳
◎ 地址：1 Dr. Carlton B. Goodlett Place
◎ 電話：415-5546139
◎ 網站：sfgov.org/cityhall
◎ 開放時間：週一至週五 8:00am ～ 8:00pm。
　免費導覽團週一至週五 10:00am、
　12:00pm、2:00pm（於廳內入口處服務臺
　報名），導覽時程約 45 分鐘
◎ 交通：F、Bus #5, #19, #21, #47, #49、Bart

Tips

☆ 在晴朗的週三 7:00am ～ 5:30pm、週日 7:00am ～ 5:00pm，多達五十家小農攤販將聚集在市政中心地鐵站旁的聯合國廣場（UN Plaza）往市政廳方向的人行步道上，在一頂頂白色帳篷下，展售出當季新鮮蔬果、花卉、自製果醬、乳酪起司等各式農產製品。若日程與時間允許，建議選擇週三的中午，趁著人潮聚集時前來遊覽市政中心周邊區域，順道瞧瞧農夫市集產品、品嚐路邊的美式餐車料理！

戰爭紀念歌劇院（War Memorial Opera House）

同樣出自建築師小亞瑟布朗之手，1932 年開幕的戰爭紀念歌劇院，以古希臘神廟式雄偉剛健的多立克廊柱（Doric columns）建築，向參與第一次世界大戰的軍人們致敬。1951 年，包括美國國務卿杜勒斯、日本首相吉田茂在內的四十八個國家代表，共聚在此簽訂了重要的《舊金山和平條約》，極具國際歷史意義。隆重端莊的建築內為四層樓高、華麗輝煌的表演廳，共容納 3,146 坐席與 200 站席，是舊金山歌劇團和芭蕾舞團的主要表演場地。舊金山歌劇團表演季節為 6 ～ 7 月、9 ～ 12 月，芭蕾舞團於 12 ～ 5 月。

Data

戰爭紀念歌劇院
◎地址：301 Van Ness Ave.
◎電話：415-6216600
◎歌劇團購票網站：sfopera.com
◎芭蕾舞團購票網站：sfballet.org
◎交通：Bus #21, #47, #49

Tips

☆自 1944 年起，舊金山芭蕾舞團每年在 12 月聖誕節期間，為期三週表演作曲家柴可夫斯基的經典名劇《胡桃鉗》（Nutcracker），參加民眾不分男女老幼皆盛裝打扮出席，體驗富麗堂皇的舊金山歌劇院，欣賞這齣舉世聞名的芭蕾舞演出。若計畫於年底遊覽舊金山、順道觀賞世界名劇，建議提前至舊金山芭蕾舞團網站購票。

DATA
亞洲藝術博物館
◎地址：200 Larkin St.
◎電話：415-5813500
◎網址：asianart.org
◎開放時間：週二與三 10:00am ～
　5:00pm、週四 10:00am ～ 9:00pm、週
　五至日 10:00am ～ 5:00pm、週一休館
◎參觀費用：10 ～ 15 美金，12 歲以下
　免費
◎免費日：每月第一個週日
◎交通：Bus #5, #19

亞洲藝術博物館（Asian Art Museum）

　　典藏約一萬八千件、涵蓋六千年歷史的亞洲藝術品，為亞洲外最大的
亞洲藝術博物館。舊金山亞洲藝術博物館的成立源自 1959 年，身為亞洲藝
術收藏家的前國際奧林匹克委員會主席艾弗里布倫戴奇（Avery Brundage），
向舊金山市政府表態願意捐贈出部分古董藝術收藏，只要市府能設立專屬
的博物館，來保護這批藝術品。1966 年，舊金山亞洲藝術博物館因此成立。
1975 年艾弗里逝世後，更將剩餘的私人收藏品全數遺贈給該博物館，總計
貢獻了七千七百件藝術品！為了與日俱增的豐富館藏，舊金山市政府請來
大名鼎鼎、改建巴黎奧賽美術館（Musée d'Orsay）的義大利建築師蓋奧倫蒂
（Gae Aulenti），將原市立圖書館改建為現址的亞洲藝術博物館，在 2003
年重新開幕。來這裡，能一併欣賞源自中國、日本、泰國、韓國、土耳其、
印度、菲律賓與波斯等地的藝術品，接受一場亞洲文化的深度洗禮。

戰爭紀念表演藝術中心
（War Memorial and Performing Arts Center）

　　與戰爭紀念歌劇院外觀如同雙胞胎的戰爭紀念表演藝術中心，旨在紀念第一次世界大戰的退役士兵。館內的赫柏斯特劇院（Herbst Theater）為擁有 892 席的三層樓中型劇院，每年上演約兩百齣藝文表演與活動。劇院內以八幅自 1915 年舊金山「巴拿馬萬國世界博覽會」（Panama Pacific International Exposition）遺留下來的壁畫聞名，壁畫為英國著名油畫家法蘭克布朗溫（Frank Brangwyn）為博覽會特別繪製之畫作，分別代表水、土、火、空氣的古希臘哲學四元素。

Data

戰爭紀念表演藝術中心
◎地址：401 Van Ness Ave.
◎電話：415-6216600
◎表演購票網站：cityboxoffice.com，或是於表演前 1 ～ 1.5 小時至現場購票。
◎交通：Bus #5, #47, #49

戴維斯交響音樂廳
（Davies Symphony Hall）

　　耗資 2,800 萬美金打造，於 1980 年完成的這座音樂廳唯美典雅，為舊金山交響樂團的表演場地。站在音樂廳廊道的玻璃帷幕內，寧靜遙望市政廳和戰爭紀念歌劇院富麗堂皇的古希臘羅馬式建築，予人時空錯置的感受。戴維斯交響音樂廳內擁有北美最大型的電力風動式管風琴（electro-pneumatic organ），重達 22.5 噸。管風琴由 9,235 支小至鋼珠筆管、大至 32 英吋高的音管組合而成，能橫跨 163 度音域，是義大利管風琴品牌弗拉特里魯法堤（Fratelli Ruffatti）之頂級製作。

Data

戴維斯交響音樂廳
◎地址：Grove St., between Van Ness and Franklin
◎電話：415-8646000
◎購票網站：sfsymphony.org
◎交通：Bus #21, #47, #49

Tips

☆每週一早上 10 點，由舊金山戰爭紀念與表演藝術中心（SFWMPAC）舉辦的綜合導覽團，從戴維斯交響音樂廳於葛洛夫街（Grove St. entrance）的入口處集合出發，導覽內容包括戰爭紀念歌劇院、赫柏斯特劇院，與戴維斯交響音樂廳，為時四小時。費用 5 ～ 7 美金，洽詢專線：415-5528228。

Dottie's True Blue Cafe

　　舊金山人熱愛早午餐，熱門早午餐館週末經常門庭若市、隊伍成龍，不排隊半小時以上可是搆不到店門檻，例如這間位於第六街與市場街轉角處的 Dottie's，便素負盛名。在不甚起眼的磚造屋內，老闆暨主廚克特阿勃尼（Kurt Abney）保留百年歷史的棗紅色磚牆，以仿舊的木造裝潢，營造出早期好萊塢電影年代古典庸俗的氣息。菜單上供應著經典美式早餐，如各式炒蛋、蛋捲、鬆餅、三明治等，但店內真正的特色，則是黑板上手寫著的「義式烘蛋」（Frittata）：以蛋汁混合酪梨、番茄、玉米、韭蔥、墨西哥辣椒、羊乳酪共同入火炙烤，一旁放上炒馬鈴薯、與特製的蒔蘿酪乳麵包（Homemade Buttermilk Dill）。甜點則不要錯過招牌的「朵蒂肉桂咖啡蛋糕」（Dotties Cinnamon Coffee Cake），令人回味再三。

Data

Dottie's True Blue Cafe
◎地址：28 6th St.
◎電話：415-8852767
◎營業時間：週一、週四與週五 7:30am～3:00pm，週末 7:30am～4:00pm，週二與三公休
◎交通：Bus #5, #21, #71

Brenda's French Soul Food

喜歡甜食與炸物的美國人，形容 Beignets 為法式甜甜圈，是源自中世紀法國南部地中海區的點心。18 世紀時，Beignets 的做法隨著法國教會修女挾帶的家鄉食譜，一起來到當時法屬殖民地：墨西哥灣密西西比河三角洲上的紐奧良，從此在美洲發揚光大，成為法裔美國家庭裡普遍的手作點心。擁有法國、菲律賓血統的餐廳老闆暨主廚布蘭達（Brenda Buenviaje），十五年前離開紐奧良移居舊金山，引進拿手的家鄉點心。餐廳提供四種口味的

Beignets，包括傳統紐奧良式裹糖無餡、舊金山吉瑞德利巧克力甜餡、澳洲青蘋加肉桂蜂蜜的法式水果餡，以及風味獨特的海鮮鹹餡：外層灑滿紅椒粉，內裏由小龍蝦、韭蔥與巧達起士拌煮而成的濃郁醬料，麵團蓬酥、內餡多汁！

> **Data**
> Brenda's French Soul Food
> ◎地址：652 Polk St.
> ◎電話：415-3458100
> ◎網站：frenchsoulfood.com
> ◎營業時間：週一與週二
>   8:00am ～ 3:00pm、週三至週
>   六 8:00am ～ 10:00pm、週日
>   8:00am ～ 8:00pm。
> ◎交通：Bus #31, #19, #47, #49

藍瓶咖啡（Blue Bottle Coffee）

　　來到舊金山，再忙也得喝杯藍瓶咖啡（Blue Bottle）。被譽為舊金山「名匠咖啡（Artisan Coffee）的始祖」，藍瓶咖啡帶動起舊金山近年來獨立咖啡烘焙館的風潮，創始人詹姆士富里曼（James Freeman）原是灣區小有名氣的單簧管演奏家，對咖啡成癮的他，最初因興趣，研究起咖啡的烘焙與製作技巧，並在週末將親自烘焙的咖啡豆，帶到農夫市集裡擺攤販賣，吸引不少忠實買家。

　　2005 年，詹姆士於海斯谷（Hayes Valley）的小巷車庫裡，開設了「藍瓶咖啡」的第一間店舖。創始店的腹地極小、僅供外帶，但詹姆士特選無農藥的有機蔭栽咖啡豆，並堅持 48 小時內新鮮烘焙，所製成的咖啡風味甘醇回韻，頓時蔚為風潮。三年後，他已累積足夠資金，在古鑄幣廠旁拓建了這間有座位、可內用的藍瓶咖啡店，除提供義式濃縮、法式濾壓，以及手沖濾杯咖啡外，另有著名的虹吸式咖啡，採用日本訂製、造價 60 萬新臺幣的鹵素燈虹吸式咖啡機濾煮，層次細膩。若喜歡冰咖啡，一定得試試藍瓶的「紐奧良冰咖啡」（New Orleans Iced），口味滑順香甜。而深受行家喜愛的特調京都式冰滴咖啡（Kyoto Cold Brew），每批次萃取過程耗時 8～10 小時，緩慢滴漏出濃縮厚實的咖啡滋味。

> 藍瓶咖啡
> ◎地址：66 Mint St.
> ◎電話：510-6533394
> ◎網站：bluebottlecoffee.com
> ◎營業時間：每日 7:00am～7:00pm
> ◎交通：Bus #14, #30, #45

費爾茲咖啡（Philz Coffee）

　　不愛單品咖啡？那麼來嘗嘗有趣的調豆咖啡吧！費爾茲所有的咖啡配方皆由二至七種不同產區的咖啡豆依比例調製、杯杯手沖，創造出超過三十種細膩的咖啡風味，因而號召了各有所好的咖啡饕客，例如淺烘焙的「Greater Alarm」受到地方消防隊員喜愛、醇濃帶苦的重烘焙「Code 33」則是警察的提神飲品⋯。若是首次光顧，面對黑板上眼

花撩亂的咖啡選單也不用驚慌，老闆費爾傑伯（Phil Jaber）特別推薦「新手們」從中度烘焙的「Teasora」喝起，Teasora 的義大利字意為寶藏，是費爾耗時七年才開發出的創店配方！也可來杯超熱門的獨家特色飲品「Mint Mojito」咖啡，混著新鮮薄荷葉的清新奶香，真是夏日首選。

費爾茲咖啡
◎地址：399 Golden Gate Ave.
◎電話：415-6217000
◎網站：philzcoffee.com
◎營業時間：週一至週五
　6:00am ～ 7:30pm、週六與
　週日 6:00am ～ 6:00pm。
◎交通：Bus #31, #19

Mr. Tipple's Recording Studio

別誤會了，這裡可不是什麼錄音室，也沒有哪位提波先生（Mr. Tipple）。也許吧台酒保會跟你開個小玩笑，繪聲繪影地描述著幽默風趣的提波先生來自英國倫敦、落腳舊金山成立錄音室，但朋友卻發現他大多數時間在這裡配調酒而非捲磁帶，幾杯黃湯下肚後，他老兄乾脆躺在沙發上聽音樂，卻從沒記得按下錄音鍵…。先不急著翻白眼，這個故事裡倒也有幾分真實：來這裡，有創意調酒、有多國啤酒、有下酒小食、更棒的是，每晚有不同樂團，長達三小時的爵士樂現場表演！

走進 Mr. Tipple's Recording Studio 有如暗巷後門的塗鴉入口，穿過落地布簾後別有洞天。昏暗微弱的燭光照映室內混搭的 40 年代舊上海時髦、和 60 年代芝加哥藍調風格的裝潢，有那麼一點古怪，卻也讓人然感到慵懶舒適。怎麼會有如此奇異的設計發想？爵士吧的真實老闆傑伯德洛（Jay Bordeleau）認為，當前的舊金山令他想起當年的舊上海和芝加哥，「匯聚著來自世界各地的新文化，形塑著新的文化風格與全球貿易」，因而產出這樣碰撞的火花。

Mr. Tipple's Recording Studio 每晚的現場爵士樂表演時段和演出樂團不同，最早從晚上五點半、最晚九點開秀。

Mr. Tipple's Recording Studio
◎地址：39 Fell St.
◎電話：415-8518561
◎網站：mrtipplessf.com/music
◎營業時間：週一至四 5:00pm ～ 12:00am、週五與六 5:00pm ～
　1:00am、週日休息
◎交通：F、Metro #N, #M, #L, #M、Bus #19, #21

卡斯楚區 & 教會區
（Castro & Mission）

　　卡斯楚（Castro）為舊金山十分具有代表性的特色區域，又被稱為同性戀村，是美國同性戀人權運動的重要歷史發源地。二次世界大戰後，數千名同性戀軍人在舊金山港口被迫除役遣散。許多軍官擔心返鄉後遭受歧視對待，因而選擇留在舊金山。當年的卡斯楚區正處於中產階級居民往市郊移居，而房價跌落的時機，留下的老維多利亞式住宅不僅便宜又極具個性，深獲同性戀族群青睞，紛紛於此定居。1970 年代，同性戀權益開始在美國主要城市發酵，卡斯楚區的哈維米克（Harvey Milk）成為美國第一位以同性戀身分成功當選的政治家，致力推動同性戀人權相關的法令政策，提升人權意識並團結了同性戀族群。

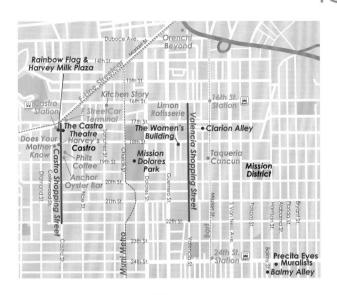

緊鄰卡斯楚區的教會區（Mission），則經歷了不同種族文化的轉換洗禮。在18世紀西班牙傳教士進駐之前，奧隆尼部落（Ohlone）印地安人已在此地生活兩千年，在西班牙殖民的大肆開發下，原住民們被迫驅離。19～20世紀間，這裡則是德國、荷蘭歐洲移民勞工的家園；20世紀中期開始，逃離中美洲戰亂

的墨西哥人與中美洲人民舉家遷徙至此，帶來傳統的拉丁料理、不修邊幅的熱情、和深受「墨西哥藝術運動」影響的壁畫藝術，生動地點綴著街頭巷尾，不僅是文化裝飾，更反映出歷史的洪流與當前社會意識。

彩虹旗 & 哈維米克廣場
（Rainbow Flag & Harvey Milk Plaza）

市場街與卡斯楚街交叉口，一面迎風飄揚的巨幅六色彩虹旗豎立空中，紀念著舊金山同性戀運動的發源，也象徵著踏入同性戀族群的大本營。1978 年，本地藝術家吉爾伯特貝克（Gilbert Baker）為了支持同志運動，手工染色縫製了第一面彩虹旗。

吉爾伯特受到《綠野仙蹤》女主角茱蒂加蘭（Judy Garland）演唱的奧斯卡最佳歌曲《越過彩虹》（Over the Rainbow）啟發，以彩虹旗象徵同性戀者「由悲傷走向嶄新世界」的自由未來，其紅、橙、黃、綠、藍、紫色彩，分別代表著生命、療癒、陽光、自然、和諧與精神。

1978 年 11 月 27 日，人稱「卡斯楚市長」的舊金山監察委員會委員哈維米克（Harvey Milk）遭暗殺身亡。哈維米克是美國第一位以同性戀身分當選參政的政治家，致力推動同性戀權益相關法令，並鼓勵同性戀族群勇敢出櫃、爭取人權，在卡斯楚區擁有崇高的人氣。暗殺事件後，卡斯楚區店家開始大量印製彩虹旗，支持的群眾們則家家戶戶上懸掛起彩虹旗幟，來緬懷哈維。豎立於卡斯楚 Muni 輕軌車站上方的巨幅彩虹旗，於 1998 年升起，旗下小廣場則以哈維米克命名，以茲紀念。

彩虹旗＆哈維米克廣場
◎地址：Castro St. & Market St.
◎交通：F、Metro #KT、#L、#M、Bus #24

☆由奧斯卡金像獎最佳男主角西恩潘所主演的《自由大道》（Milk），便是由哈維米克真實故事改編而成的傳記電影，獲得包括金球獎、奧斯卡金像獎等多項提名。透過電影的刻劃，讓人對舊金山早期的同志運動與傳奇的哈維米克，有更深刻的理解。

卡斯楚觀光街（Castro Shopping St.）

由 17 街延伸至 22 街之間的卡斯楚街，是本區主要的商店街，沿途六色彩虹旗飄揚，很難不察覺自己已踏入了同性戀村。沿著商店街走一遭，即便什麼都不買，也趣味十足！街道上最多的是令人臉紅害羞的同性戀情趣用品店，商店的名稱更是大膽地不遑多讓，例如其實是以義大利麵和披薩為主的餐廳硬是要叫做「Sausage Factory」、正大光明的修指甲店也要搞成「Hand Job」、最搞笑的，則是一間稱作「Does your mother know」的同性戀情趣用品店，這店名取得太有才，每每路過時總忍不住嘴角上揚。此

卡斯楚觀光街
◎地址：Castro St. in between 17th St. and 22 St.
◎交通：F、Bus #24, #33、Metro #KT, #L, #M

外，來到第 18 街與卡斯楚街交叉路口時，別忘了往腳下一瞧！呼應著彩虹旗顏色的六色彩虹斑馬線，是卡斯楚區 2014 年底才新漆上的特色地標。

卡斯楚戲院（Castro Theatre）

建於 1992 年，被列為歷史地標的卡斯楚戲院是一個古色古香的老戲院。以西班牙殖民的巴洛克風格打造，具有顯眼的老式霓虹招牌、古典斗篷售票涼亭、馬賽克釉磚門廳，而戲院內的歐式浮雕和紅毯包廂座席，更是充滿歌劇院的復古風格。此戲院以播映老電影為主，偶有正在上映的好萊塢大片，比較特別的是「電影隨唱夜」（Sing Alongs），大螢幕上播放起《真善美》、《美女與野獸》等著名音樂劇，在場的觀眾們隨著劇中音樂一同大聲歡唱；也有「雙映夜晚」（Double Feature），能以一票連續觀看兩場電影，

成為當地人省錢的約會去處。

卡斯楚戲院
◎地址：429 Castro St.
◎電話：415-6216120
◎網站：castrotheatre.com
◎票價：9～12美金（戲院消費僅收現金）
◎交通：F、Bus #24、Metro #KT, #L, #M

巴米巷壁畫（Balmy Alley）

　　舊金山最著名且創作密集的壁畫巷，源起於 1972 年：兩位墨西哥裔女壁畫家——派翠西亞（Patricia Rodriquez）與葛萊西拉（Graciela Carillo）在住家巴米巷 54 號的車庫外牆，以室外建築用漆，揮灑出該巷的第一幅大型壁畫創作。隨後，藝術史學者雷派特蘭（Ray Patlan）召集了更多的拉丁美洲裔藝術家來此作畫，共同完成了整條壁畫巷。

　　巴米巷壁畫的主題鮮明，表達對種族與人權平等的呼籲、反對美國政府對中美洲政治的干預、更流露著新移民在美國社會受到排擠忽視的悲傷與不滿。近年，畫作擴展至同性戀議題，以及老社區士紳化（gentrification）的社會轉變，例如：壁畫家愛蒂斯布妮（Edythe Boone）的《We Remember》，以流淚女人喚起社會對 AIDS 防疫的重視；人氣藝術家賽倫諾里斯（Sirron Norris）充滿 70 年代卡通風格的《Victorian: El Defensor de la Mission》，畫作中六棟老式維多利亞建築變形組合成巨型機器人，捍衛著教會區的歷史與居民。

Data
巴米巷壁畫
◎地址：Balmy Alley, between 24th & 25th St.
◎交通：Bart、Bus #49, #14, #33

Tips
☆ Precita Eyes Muralists 於每週末舉辦付費英語壁畫徒步導覽團。在資深壁畫藝術家的帶領下，深入了解巴米巷壁畫的背後故事與壁畫創作過程，整體導覽約 2 小時，須事前於官網或至店內購票。時程與購票網站：precitaeyes.org，地址：2981 24th St.，電話：415-2852287。

克萊里恩巷壁畫（Clarion Alley）

　　受到巴米巷壁畫藝術的啟發，1992年，六位教會區藝術家集結於克萊里恩巷，進行一系列大型壁畫創作，隨後吸引了逾百位新生代壁畫家參與，成了教會區第二大壁畫藝術巷，展示共約五十幅大型壁畫，歷年來更汰舊更新了超過700幅藝術畫作。不同於巴米巷偏重於種族、移民歷史與政治議題，此地的壁畫以風格多樣、現代前衛的實驗性質獨樹一格，構圖大膽、色彩對比、且主題極具當代諷刺性。焦點畫作包括：藝術家坦亞衛絲雀（Tanya Wischerath）的《Honoring Trans Activists》，描繪四位在20世紀中期帶領加州跨性別與女同性戀人權運動的革命女性，為其披上宗教聖袍與芒冠，充滿話題性。另外，花俏醒目的《Tax the Rich》則是藝術家梅根威爾森（Megan Wilson）的創作，希望喚醒社會擺脫唯利是圖、追求金錢的資本主義成功迷思，而更重視所有社會族群間的寬容與平等。

Data 克萊里恩巷壁畫
◎地址：Clarion Alley, between Mission & Valencia St.
◎交通：Bart、Bus #49, #14

仕女大樓
（The Women's Building）

　　教會區另一震撼人心的壁畫傑作為包覆仕女大樓四層樓高外牆的巨型壁畫，由七位女性壁畫藝術家於1994年協力完成，描繪了包括：觀世音菩薩、女權運動先鋒奧德瑞洛德（Audre Lorde）、諾貝爾和平獎得主里戈韋塔門楚（Rigoberta Menchu）等歷史上重要女性象徵，以紀念跨越時空的女性智慧與力量。大樓內部則為婦女社區中心，集結女性社會公益團體和婦女協助機構。

Data
仕女大樓
◎地址：3543 18th St.
◎電話：415-4311180
◎網站：womensbuilding.org
◎交通：Bart、Bus #49, #14, #33

杜樂莉絲公園
（Mission Dolores Park）

　　想瞭解舊金山年輕人如何慵懶地打發假日時光？不妨選個晴朗的週末午後前來杜樂莉絲公園，瞧瞧流行於美國嬉皮青年間，令人意想不到的休閒活動：木槌球、單車馬球、地擲球（bocce ball）、丟沙包（cornhole）、階梯投擲（ladder toss）、呼拉圈舞蹈等，大夥兒成群結眾在大草坪上遊戲野餐、喝酒跳舞、彈琴唱歌，享受和煦的陽光。在這個嬉皮客最愛的公園內，伴隨而來的不免是瀰漫空氣中的大麻菸味，而穿梭人群間的巧克力或餅乾小販，兜售的多是摻雜大麻的「禁品甜點」，在當地已是不成文的默契，可別傻傻誤食！

Data
杜樂莉絲公園
◎地址：18th & Dolores St.
◎交通：Bus #33、Metro #J

利蒙秘魯烤肉（Limón Rotisserie）

來自南美洲祕魯的卡斯堤洛廚師三兄弟（Martin, Antonio, and Eduardo Castillo），因懷念家鄉菜而共同創立了這間家族餐廳。祕魯料理深受印第安、西班牙、非洲、阿拉伯、義大利、中國和日本影響，烹調以涼拌、燒烤、醃製為特色。提及祕魯美食，醃生魚（Ceviche）是不得不嘗試的冷盤佳餚！不同於日本生魚片強調原味體現，祕魯的生魚料理受到古印加帝國和阿拉伯的薰陶，採用醋、檸檬、萊姆或其他酸味水果醃製殺菌，在阿拉伯的説法叫做「sakb j」，意即以酸的化學作用，讓魚肉「熟」了。醃生魚涼拌料理口味清爽、口感鮮嫩Q彈，加上濃度恰好的酸鹹滋味，成為最受歡迎的開胃菜。利蒙的烤全雞（Pollo A La Brasa）也是榜上有名，將醃製過的放山雞在明火（Open Flame）上緩慢翻轉烘烤至外皮焦脆、鮮肉多汁，搭配南美洲香芹青辣醬（chimichurri）、奶黃辣醬（aji amarillo）或紅辣椒醬（rocoto）一同食用。

DATA
利蒙秘魯烤肉
◎地址：524 Valencia St.
◎電話：415-2520918
◎網站：limonsf.com
◎營業時間：週一至週四
　12:00pm～10:00pm、週五與週
　六 12:00pm～10:30pm、週日
　12:00pm～10:00pm。
◎交通：Bart、Bus #14, #49, #24, #33

坎昆墨西哥餐點鋪（Taqueria Cancun）

教會區以墨西哥料理聞名，尤以墨西哥捲餅（Burrito）和玉米折餅（Tacos）深受當地人喜愛，而這間墨西哥餐點鋪，更有人人稱讚的「淋醬墨西哥捲餅（Burrito Mojado）」，餅皮內裏自選肉類、米飯、黑豆、洋蔥、酪梨、香菜、墨西哥辣醬，最後再於外層澆上幾匙濃郁的墨西哥辣椒肉餡醬（Enchilada sauce）、熱融乳酪、酪梨醬和酸奶油，不僅口味豐富、分量超足，價格也十分實惠。

DATA
坎昆墨西哥餐點鋪
◎地址：2288 Mission St.
◎電話：415-2529560
◎營業時間：週一三四 10:00am～1:00am、週五與六
　10:00am～2:00am、週日 10:00am～1:30am、週二休息
◎交通：Bus #14, #49

哈維紀念餐廳（Harvey's）

　　以舊金山同性戀人權運動先鋒哈維米克（Harvey Milk）為名的紀念餐廳，前身為大名鼎鼎的象走酒吧（Elephant Walk bar），創立於 1974 年，見證了舊金山早年同性戀運動的關鍵時期，哈維米克與友人當年便經常光顧這裡。1979 年 5 月 21 日，刺殺哈維米克的凶手丹懷特（Dan White）被法院從輕判刑，新聞揭曉後，卡斯楚上千名群眾憤而遊行示威，形成血腥的「白色之夜」暴亂（White Night riots）。暴動中，警方與同性戀團體正面衝突，襲擊同性戀聚集的象走酒吧，導致多名同性戀者遭毆打重傷，酒吧也面目全非。1996 年酒吧終於重建開幕，改以哈維米克命名，向這位永遠的人權精神領袖致

Data

哈維紀念餐廳
◎地址：500 Castro St.
◎電話：415-4314278
◎網站：harveyssf.com
◎營業時間：週一至週五
　11:00am ～ 11:00pm、週末
　9:00am ～ 2:00am。
◎交通：F、Bus #24, #33、
　Metro #KT, #L, #M

敬。哈維餐廳以美式餐飲為主，每週一至五下午三點至六點的「歡樂時光」（Happy Hour）提供十種桶裝啤酒，每杯僅 3 美元；馬鈴薯條、甜薯條、烤乾酪辣味玉米片（Nachos）、酥炸洋蔥圈等配酒小菜，每盤則特價僅 4 美元。每週二晚間九點，更有喜劇演員現場講笑話脫口秀，氣氛輕鬆。

船錨生蠔吧（Anchor Oyster Bar）

　　這間腹地小巧迷你的海鮮生蠔吧，遠離了漁人碼頭區的觀光人潮，卻是舊金山在地老饕才曉得的美食秘密地。不僅獲得米其林導覽推薦，更擁有消費者評鑑網站 Yelp 高達四顆半星的極好評，每當用餐時段總得現場排隊等候半小時以上，但用完餐的食客總會滿足到笑咪咪地走出來，甚至點頭小小聲告訴你：「值得一等喲」。餐廳的熱門料理包括：依季節時令更

換產地品種的新鮮生蠔、香料豐富的酒蒸蛤蠣淡菜、還有絕對不能錯過的招牌海鮮湯鍋（Cioppino），湯汁濃稠、海鮮料多，令人回味再三！

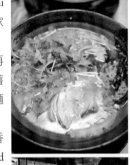

船錨生蠔吧
◎地址：579 Castro St.
◎電話：415-4313990
◎網站：anchoroysterbar.com
◎營業時間：週一至週六 11:30am ～ 10:00pm、週日 4:00pm ～ 9:30pm。
◎交通：F、Bus #24、Metro #KT, #L, #M

Orenchi Beyond

位於教會區與卡斯楚區邊緣，俺ん家ビヨンド（Orenchi Beyond）成為舊金山近兩年火紅的拉麵新地標之一。俺ん家拉麵一號店（Orenchi）早在矽谷聖克拉拉市已享負盛名，不少居住在市區的日本民眾寧願在假日駕車一小時前往、再排隊一小時，就為了吃碗濃醇郁的道地日式豚骨拉麵。舊金山市區的俺ん家ビヨンド，延續供應著一號店的招牌拉麵「Orenchi Ramen」：耗時十八個小時慢熬出的乳白色湯底，香濃卻不過鹹，搭配日式叉燒薄片、滷漬溫泉蛋、筍心、香菇、海帶和蔥花，不小心就清空見底。新店限定的「Beyond Ramen」則加入大量的炒香蒜頭、辣味蕪菁與芝麻，將已充滿膠質和骨髓的豚骨湯頭更加濃厚延伸！餐廳老闆小澤邦子（Kuniko Ozawa）比劃著向我形容：「在口味上更有力道（more punch）。」

除了湯頭美味，這裡的拉麵亦彈牙吸汁，是小澤親自尋覓日本拉麵條專門師傅訂製，以日本進口的麵粉手工製作出的支那蕎麥麵條，重現家鄉滋味。為了融入臨近教會區商圈年輕雅痞族群的喜好，新店裝潢改走現代工業風格：菱格粗木條框出明亮的挑高空間、色彩鮮豔的塗鴉牆板、開放式透明廚房、酒吧檯單人座、和角落的 DJ 台。餐廳並無顯眼的招牌標誌，別誤認為是酒吧而邁步錯過囉。

Orenchi Beyond
◎地址：174 Valencia St.
◎電話：415-4313971
◎網站：orenchi-beyond.com
◎營業時間：週二至四 11:30am ～ 1:30pm、6:00pm ～ 9:30pm；週五與六 6:00pm ～ 12:00pm；週日 4:00pm ～ 10:00pm；週一休店
◎交通：F、Bus #6、Metro #N, #J

Kitchen Story

如果在舊金山只有時間品嚐一家早午餐廳？那麼 Kitchen Story 帶點亞洲巧思的加州食材創意，加上色香味俱全、連擺盤都是一門賞心悅目的藝術，絕對值得成為首選！喜歡甜味烘培早點的你，不妨試試這裡的法式厚吐司（Mascarpone Stuffed Deep Fried French Toast）：馬斯卡波尼鮮奶酪被填入極厚片吐司裡共同入鍋輕炸，讓吐司外層如甜甜圈般香酥口感、內餡則豐厚濕潤，配上新鮮莓果、淋上佛蒙特楓糖漿、蜂蜜奶油、或榛果一同入口，酸甜滋味搭配咖啡或茶飲剛好。若是偏好鹹食早午餐，那麼新英格蘭漢堡（New England Burger）是饕客首推：不僅有楓糖漿浸漬過的和牛肉餡，更夾了一層別處吃不到的特製「百萬富翁培根」（Millionaire's Bacon）─撒上黑糖、黑胡椒、紅心辣椒後，入柴火烘烤的鮮厚培根！再鋪上嫩芝麻葉、日式醃漬蘿蔔片、搭配厚薯塊…漢堡豐厚到難以優雅口咬，只好改以刀叉禮貌享用。

Kitchen Story
◎地址：3499 16th St.
◎電話：415-5254905
◎網站：kitchenstorysf.com
◎營業時間：週日至四 8:00am ～ 3:00pm、
　　5:00pm ～ 10:00pm；週五與六 8:00am ～
　　3:00pm、5:00pm ～ 10:30pm
◎交通：F、Bus #22, #24, #33

日本城（Japan Town）

　　逾百年歷史的舊金山日本城，為美國境內最古老、規模最大的日本社區。1860 年開始，日本移民陸續抵達舊金山，最早聚集於中國城外圍和市場街南邊的下城區。1906 年，舊金山大地震與火災摧毀了原有家園，民眾於是舉家遷徙至現今區域，建立起宗教神龕、在住家一樓開設起日式傳統用品店、食品雜貨鋪、日本料理餐廳、美容院⋯日本城逐漸成型。

　　受到二次世界大戰珍珠港事件的影響，日本僑民在美國曾有一段辛酸的歷史。在美國民眾的恐懼心理和排擠效應下，1942 年，美國總統富蘭克林羅斯福（Franklin Roosevelt）簽署了惡名昭彰的「9066 號行政命令」，將美國各地共約十二萬日本移民，羈押拘禁於集中營，使得日本城一度空蕩死寂。戰後多年，日本移民與新生代日本投資者才逐漸返回舊金山。1957年，大阪市與舊金山市締結為友善姐妹市，舊金山的日本城終於重獲生機。如今，約有一萬兩千名美籍日本人定居於舊金山市、另約八萬人分散於舊金山灣區。

Tips

☆每年八月初，日本城盛大舉辦為期兩日的「日本町年度文化市集」（Nihonmachi Street Fair），和平五重塔前廣場、韋伯斯特街與郵政街角將分別搭起舞台，安排樂團、日本文化團體輪流演出；郵政街上車輛禁行，日本藝術家們沿街搭起一頂頂帳篷攤位，展售手工藝品、畫作、帆布印花包、漫畫 T 恤、手工飾品等。逛完市集肚子餓了，轉個街角便來到特色餐街（Food Fest），二十多輛餐車與小吃攤販列隊，現場提供燒肉、便當、烤麻糬糰子、炒蕎麥麵、拉麵等日式、韓式街頭料理。市集裡另設有孩童遊樂區、動物區，家長們可以一同帶孩子前來參與簡易手作、摸摸可愛小動物。

和平五重塔（Peace Pagoda）

　　和平五重塔的興建起源於二次世界大戰後。傳説日本山妙法寺大僧伽佛教創始人藤井日達（Nichidatsu Fujii）在一次與印度聖雄甘地（Mahatma Gandhi）會面後深受啟發，遂決心於世界各地倡導和平理念，以五重塔為意念象徵。舊金山和平五重塔落成於1968年，為大阪市政府餽贈給舊金山市的第一個姐妹禮。此五重塔由昭和時期日本建築大師谷口吉郎（Yoshiro Taniguchi）親自設計，包括東京帝國劇場、國立現代美術館、國立博物館東洋館等日本知名建築，皆出自其手。

INFO
和平五重塔
◎地址：Post St. between Laguna St. & Webster St.
◎交通：Bus #38, #38L, #3

日本城購物中心（Japan Center）

日本城區的主要地段位於拉古納街（Laguna St.）和費爾摩街（Fillmore St.）之間的郵政街（Post St.）上，尤以和平五重塔兩側的兩層樓購物中心最受歡迎。購物中心分為東、西兩區；西區購物中心宛如小型的複合式日本商店街，裡頭有：日本紀念品店、傳統茶具文物店、和菓子店、禪風花藝館、卡通漫畫屋、日本遊戲機、大頭貼機、紀伊國屋日文書店、以及日本美食餐廳街等，週末假日常見聚集出遊的年輕情侶、打扮成漫畫人物的學生團體、或是因懷念日韓料理而前來解饞亞洲家庭。

> **Data**
> 日本城購物中心
> ◎地址：1737 Post St.
> ◎電話：415-4401171
> ◎營業時間：每日 11:00am ～ 6:00pm
> ◎交通：Bus #3, #22, #38, #38L

聖瑪麗大教堂（Cathedral of St. Mary）

建於 1971 年，外型醒目的聖瑪麗大教堂是義大利現代主義建築大師彼得羅貝魯奇（Pietro Belluschi）的精心傑作。宏偉莊嚴的大教堂內，處處流露著光、影、空間交織的現代主義建築美學風格，令人嘆為觀止的，莫過於十九層樓高的十字形穹頂：以教堂四個角落基柱內的後張鋼索懸樑為支撐架構，一體形成流暢的拋物線型，往中央匯集竄升。穹頂內面使用多達 1,680 片、超過 128 種形狀的三角形花格鑲板堆砌而成，交界處則嵌滿綠、紅、藍、黃四種色彩的彩繪玻璃，分別代表土、火、水、空氣四大元素。正午時分，豔陽由彩繪玻璃映射入教堂內，在肅靜的聖殿中，照耀出神聖的金色十字光芒。教堂外側的碩大銅門鑲有耶穌張開雙臂的銅像，代表著接納不同種族、社會階層的博愛意象。

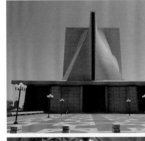

> **Data**
> 聖瑪麗大教堂
> ◎地址：1111 Gough St.
> ◎電話：415-5672020
> ◎網站：stmarycathedralsf.org
> ◎開放時間：週日至週五7:30am ～ 5:00pm、週六 8:00am ～ 5:00pm。
> ◎唱詩與管風琴演奏：週六 5:30pm、週日 7:30am
> ◎交通：Bus #38, #38L

阿拉莫廣場公園（Alamo Square Park）

將近十三英畝的阿拉莫廣場公園建於 1856 年，由西班牙文「Alamo」為名，字意為孤獨的棉白楊樹（Cottonwood Tree）。公園前的施泰鈉街（Steiner St.）710～720 號，沿坡並排著六棟相連的維多利亞式百年老木屋，因粉嫩繽紛的糖果色系，被當地居民暱稱為「彩色淑女」（Painted Ladies），常出現在以舊金山為景的電影、影集或風景明信片中。漫步至廣場草坪上，除了能欣賞可愛的歷史木屋，後方金融區摩天大樓天際線、和遠山白雲共同融入背景之中，成為一幅摩登浪漫的美麗風景。

Data
阿拉莫廣場
◎地址：Steiner St. & Hayes St.
◎交通：Bus #5, #21, #22, #24

Udon Mugizo

位於日本城購物中心西棟二樓，麵処麦蔵（Udon Mugizo）為舊金山市區難得一見的手打烏龍麵專門店。餐廳使用的麵條皆為店內每日新鮮自製，口感紮實，共有多達三十餘種餐點變化，包含不同配料的熱烏龍湯麵、咖哩烏龍麵、冷沾烏龍涼麵、烏龍麵小火鍋…另有丼飯類、炸天婦羅、開胃壽司等選擇。店內大獲好評的特色料理為海膽白醬烏龍麵（Sea Urchin Cream Sauce

Data
Udon Mugizo
◎地址：1581 Webster St, Ste 217
◎電話：650-9313188
◎營業時間：週一至五 11:30am～2:00pm、5:30pm～9:30pm；週六 11:30am～3:00pm、5:00pm～9:30pm；週日 11:30am～3:00pm、5:00pm～9:00pm
◎交通：Bus #3, #22, #38, #38L

Udon）：將滑順彈牙的熱烏龍麵條浸漬在以奶油、帕馬森起司製成的白醬
中，拌入新鮮的海膽片、紫蘇葉、鮭魚卵，在口裡蔓延出濃郁鮮味。

YakiniQ Cafe

　　溫暖清新的韓風咖啡屋，提供免費無線
網路和安靜寬敞的座位區，常見學生與遠端
工作者前來讀書工作。咖啡屋的熱門飲品為
韓國老闆的家傳經典：紅薯拿鐵（Sweet Potato
Latte），以三分之一新鮮紅薯泥與三分之二鮮
奶調製，最後於頂層鋪上豐厚的鮮奶泡，具溫
潤的紅薯甜香和濃郁奶味，能隱隱嘗到紅薯泥
微細的顆粒口感，也可添加一份濃縮咖啡，微
甜不膩。

Data

YakiniQ Café
◎地址：1640 Post St.
◎電話：415-4419291
◎營業時間：週日至週四
　9:00am ～ 9:00pm、週五
　與六 9:00am ～ 10:00pm
◎交通：Bus #38, #38L, #3

貴族山（Nob Hill）

　　自 19 世紀末淘金潮以來，山丘綿延的貴族山區因居高臨下的地勢與景觀，成為舊金山名流顯赫鬧中取靜的高級住宅區。1873 年叮噹車（Cable Car）問世，解決了馬車上坡困難的交通與安全問題，更將此區的建設發展引領至顛峰，新興的百萬富豪們紛紛前來這片高地建設家族豪宅。以《金銀島》享譽全球的小說家羅伯特史帝文森（Robert Stevenson）便曾在遊覽舊金山時，形容此景為「豪宅之丘」（Hill of Palaces），為貴族山區下了最佳的註解。如今，此區依然是舊金山市房價居高不下的高級住宅區，也是坐擁舊金山灣美景的頂級飯店聚落，絲毫不減百年前的優雅氣息。

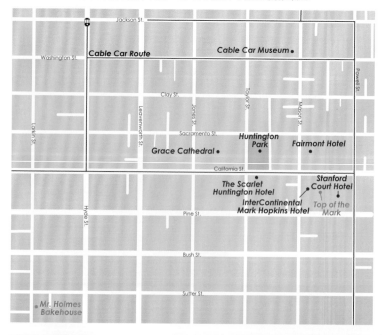

四大富豪飯店（The Big Four）

趁著十九世紀中期加州淘金潮，分別自東岸不同城鎮移居舊金山的「四巨頭」（The Big Four），是貴族山上的傳奇大亨。1860 年，四位具有不同背景經歷的中產階級紳士：利藍史丹福（Leland Stanford）、查爾斯克羅克（Charles Crocker）、馬克霍普金斯（Mark Hopkins）、柯林斯克廷頓（Collis Huntington），慧眼視出美國鐵路建設的龐大商機，合資成立了「中央太平洋鐵路公司」（Central Pacific Railroad Company），成功遊說國會，並獲得林肯總統《太平洋鐵路法案》的授權，於 1863 ～ 1869 年間承包建造美國「第一條橫貫大陸鐵路」（First Transcontinental Railroad）之西段：從加州奧克蘭市（Oakland）為起點，行經內華達州，在猶他州與聯合太平洋的東段鐵路相接。

「第一條橫貫大陸鐵路」的通車，不僅加速東西岸貿易、帶動了美國西部經濟快速成長，也使得四人迅速致富，成為美國西岸名副其實的鐵路大亨。家財萬貫的四位富豪來到貴族山頂買入大片土地，興建家族豪宅。1880 年代，由內華達州銀礦致富，而被暱稱銀礦大王（Bonanza Kings）的詹姆士費爾（James Fair）和詹姆士傅洛德（James Flood）也加入四巨頭的行列，舉家至貴族山上定居。1906 年，舊金山大地震和火災重創本區，富豪們的奢華莊園別墅群被大火付之一炬。災後，原址一一重建成為頂級的度假飯店，宏偉地矗立於貴族山頂上。

史丹佛庭園飯店
（Stanford Court Hotel）

利藍史丹福是鐵路大亨「四巨頭」中，第一位來貴族山建造豪宅的莊主。利藍在加州淘金潮初期由紐約州移居至舊金山市，不僅是一位成功的批發商人，更曾獲選擔任加州州長和州參議員，晚年並創建了美國西岸頂尖名校——史丹佛大學（Stanford University）。利藍原本在貴族山頂上建蓋了一片具義大利風格的莊園別墅，但在 1906 年舊金山大地震與火災後損毀，僅存外圍岩灰石牆。1972 年，老莊園沿遺跡重建為現今的史丹佛庭園飯店。

Data
史丹佛庭園飯店
◎地址：905 California St.
◎電話：877-3486879
◎網站：stanfordcourt.com
◎交通：Bus #1、Cable Car

馬克霍普金斯飯店（InterContinental Mark Hopkins Hotel）

　　馬克霍普金斯為「四巨頭」大亨裡最年長、且最受尊敬的一位紳士，被其他巨頭們暱稱為「馬克大叔」。馬克的合作夥伴柯林斯杭廷頓曾向人述說：「直到霍普金斯點頭之前，我從不認為任何事能拍板定案！」可見其崇高地位。1926 年，馬克霍普金斯飯店落成，頂樓富涵古典氣息的馬克之頂酒吧（Top of the Mark），擁有令人屏息的舊金山市全景，成了典雅浪漫的約會地點。酒吧以提供上百種馬丁尼調酒聞名，週三至週六晚間有現場音樂表演，而六月～八月底每週二舉辦的電影之夜，則讓賓客能在品酒之餘，同時欣賞經典老電影。

Data　馬克霍普金斯飯店
◎地址：999 California St.
◎電話：415-3923434
◎網站：intercontinentalmarkhopkins.com
◎馬克之頂酒吧營業時間：週一至
　　四 4:30pm ～ 11:30pm、週五與六
　　4:30pm ～ 12:30am、週日 5:00pm ～
　　11:30pm
◎交通：Bus #1、Cable Car

杭廷頓飯店（The Scarlet Huntington Hotel）

　　1922 年完工，這棟十二層樓的杭廷頓飯店在當年，曾是密西西比州以西，第一棟採用鋼鐵與磚牆構造的大樓，被譽為西部最典雅的建築。飯店一樓的四巨頭餐廳（Big 4 Restaurant）流露古典紳士俱樂部的典雅氛圍，牆上懸掛、展

示著由舊金山地產大亨紐頓寇普（Newton Cope）
留下的藝術收藏，以及 19 世紀加州鐵路建設時期
的豐富珍貴記事。

Data
杭廷頓飯店
◎地址：1075 California St.
◎電話：415-4745400
◎網站：huntingtonhotel.com
◎四巨頭餐廳營業時間：週一至六 6:30am ～ 10:00am、
　11:30am ～ 2:00pm、6:00pm ～ 10:00pm；週日 6:30am ～
　2:30pm、6:00pm ～ 10:00pm
◎交通：Bus #1、Cable Car

費爾蒙飯店（Fairmont Hotel）

　　從建築外觀至室內裝潢皆彰顯著義
大利文藝復興時期的奢華風格，費爾蒙
飯店為銀礦大王詹姆士費爾的家族遺產。
1945 年，世界四十國使節代表們，聚集
在飯店的花園廳（Garden Room）中，共
同起草具歷史重要性的聯合國憲章。而
飯店一樓富麗堂皇的威尼斯晚宴廳（The
Venetian Ballroom），更是傳奇歌手湯尼
班尼特（Tony Bennett）於 1961 年，首度
公開演唱名曲《我心遺留在舊金山》（I
Left my Heart in San Francisco）的場地，享譽盛名。

　　每年十二月聖誕節至新年期間，費爾蒙飯店大
廳內，將以數千塊薑餅瓦片、和總計一噸的糖霜、
糖果裝飾，搭蓋起兩層樓高的維多利雅式巨型薑餅
屋！成為不容錯過的假日觀光景點。走進薑餅屋
內，甜蜜辛香的薑餅味四溢撲鼻，令人不禁想起格
林童話森林裡的女巫糖果屋，得努力抑止著想伸手
摘片餅乾嚐嚐的衝動。

費爾蒙飯店
◎地址：950 Mason St.
◎電話：415-7725000
◎網站：fairmont.com/san-francisco/
◎交通：Bus #1、Cable Car

杭廷頓公園（Huntington Park）

　　杭廷頓公園原址為鐵路大亨柯林斯杭廷頓的豪宅莊園，舊金山大地震後，柯林的遺孀阿拉貝拉杭廷頓（Arabella Huntington）將此 1.75 英畝的綠地，捐贈給舊金山市政府建設公園。杭廷頓公園的建造，由設計金門公園的園藝家約翰馬克拉倫（John McLaren）接手，公園中央的噴泉為 16 世紀羅馬著名的烏龜噴泉（Tartarughe Fountain）之臨摹品，原為四巨頭裡的查爾斯克羅克家族，從義大利購買來裝飾私宅庭園的藝術收藏，於 1955 年捐贈予公園展示。

Data
杭廷頓公園
◎地址：Taylor St. at Sacramento St. & California St.
◎交通：Bus #1、Cable Car

格雷斯大教堂（Grace Cathedral）

　　成立於淘金熱興起的 1849 年，舊金山大地震後，教堂於原克羅克家族豪宅的土地上重建，費時三十八年才完工。這座骨子裡以鋼筋水泥建造的新教聖公會大教堂，外貌呈現著法國聖母院的經典哥德式風格。教堂著名的銅鑄大門，浮雕有亞當夏娃、摩西受誡等十個著名聖經故事，仔細一看，正是義大利佛羅倫斯聖若望洗禮堂（Battistero di San Giovanni）經典的「吉貝提之門」（The Ghiberti Doors）之臨摹品！原作曾被藝術大師米開朗基羅（Michelangelo）暱稱為「天堂之門」（Gates of Paradise）。

走入教堂，可欣賞由五位藝術家精緻琢磨，以三萬兩千片彩繪玻璃拼構成的六十六扇聖經故事花窗、大型壁畫、以及殿廳裡的巨型中世紀迷宮地磚（The Labyrinth）。每月第二個週五晚間 6:00pm ～ 8:00pm，教堂內舉辦「燭光走迷宮」（Candlelight Labyrinth Walks）祈禱之夜，在燭光與音樂的背景中，帶領民眾行走殿內迷宮，象徵走出迷惑、達成內心的祥和。

Data
格雷斯大教堂
◎地址：1100 California St.
◎電話：415-7496300
◎網址：gracecathedral.org
◎開放時間：每日 8:00am ～
　6:00pm、國定假日 8:00 ～ 4:00pm
◎交通：Bus #1、Cable Car

叮噹車博物館（Cable Car Museum）

　　由 19 世紀叮噹車車棚倉庫改建而成，此博物館創立於 1974 年，除了展示相關歷史文物、古董零件和攝影集等，並蒐藏了三輛由 1870 年代存留下來的古董叮噹車，其中半敞篷的 8 號車，更是世界僅存的第一代叮噹車。展示廳下方為現存三條叮噹車路線的引擎總動力室，在此可親眼目睹叮噹車的地下動力鋼纜系統，了解對舊金山市發展極具歷史意義的叮噹車運作原理。

Data
叮噹車博物館
◎地址：1201 Mason St.
◎電話：415-4741887
◎網站：cablecarmuseum.org
◎開放時間：4 ～ 10 月每日 10:00am ～ 6:00pm、
　11 ～ 3 月每日 10:00am ～ 5:00pm。
◎參觀費用：免費
◎交通：Bus #10、Cable Car

福爾摩斯先生烘培屋
（Mr. Holmes Bakehouse）

　　紐約客愛蘇活區的「Cronut」可頌甜甜圈，舊金山人則迷福爾摩斯先生烘培屋的獨家「Cruffins」！顧名思義，「Cruffin」為可頌（Croissant）與瑪芬（Muffin）的混血奇遇，有著層疊酥脆的可頌質地、和鬆軟澎派的瑪芬外型。這還不夠，餡裡依甜點師傅當日心情，填入不同口味的鮮奶油驚喜，可能是草莓奶昔、鹽焦糖奶油、薄荷奶油…咬下試了才知道。牆上閃著「我在舊金山烤熟了」（I got baked in San Francisco）的橘彩霓虹，福爾摩斯先生烘培屋店面迷你純外帶，即便選址在落魄紛擾的田德龍區內，仍澆不熄甜點客排隊朝聖的興致。可頌馬芬每日早上九點出爐，每人限定只能購入兩顆，通常中午前就會銷售一空。

　　看到這裡，相信你和我一樣，心裡閃著的最大疑問是，為什麼叫做「福爾摩斯先生烘培屋」？推理迷們抱歉了，烘培屋的命名與「英國神探」福爾摩斯並沒有什麼直接關係，而是取自開發可頌馬芬食譜的合夥創辦人萊史蒂芬（Ry Stephen）澳洲老家媽媽養的兩隻小貓：一隻叫夏洛克（Sherlock）一隻叫福爾摩斯（Holmes）。嗯，這樣也算沾上一點邊吧？

DATA

福爾摩斯先生烘培屋
◎地址：1042 Larkin St.
◎電話：415-8297700
◎網站：mrholmesbakehouse.com
◎營業時間：週一至五 7:00am ～ 2:30pm、週末 8:00am ～ 3:30pm
◎交通：Bus #2, #3, #19, #27, #38

濱海要塞區
(Marina & Presidio)

　　舊金山半島北方沿岸的這片臨海地域，在城市建設中相較緩慢。18～19 世紀末期，此地曾有長達兩百年的期間為軍事基地，包括西班牙、墨西哥、與美國北方聯邦軍都曾陸續在此興建軍事堡壘和沿海砲臺，除此之外，則是零散的村落農地。1913 年，市政府為了舉辦巴拿馬太平洋萬國博覽會（Panama Pacific International Exposition），遂採用地震後的破瓦殘礫、以及由舊金山灣底挖出的數噸沙泥填地，將濱海未開發的淺泥沙丘，改造成 600 英畝的平坦地基。博覽會結束後，臨時展館陸續拆除，住宅取而興起，此區寬敞平緩的居家環境和沿岸的山灣大橋美景，吸引來年輕族群聚集。

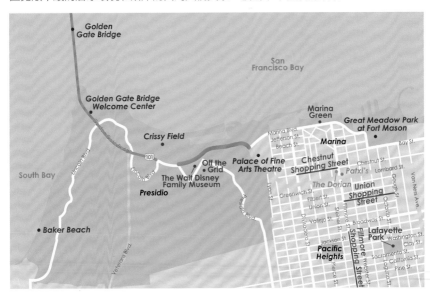

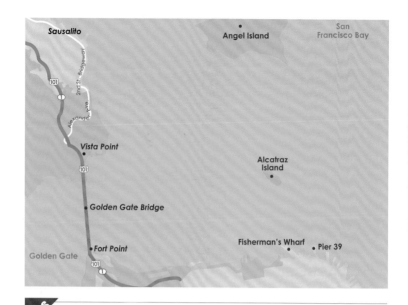

金門大橋（Golden Gate Bridge）

　　金門大橋為舊金山世界聞名的地標，被美國建築工程師協會列為「現代世界奇景」（Wonders of the Modern World）。大橋溫暖活潑的橘紅色，不但在晴朗湛藍的海天背景裡彰顯奪目，更於迷霧繚繞的天候中，成為鮮豔的指航座標，與西下的晚霞融合輝映，為這座城市劃下最浪漫的天際線。

　　建橋的幕後功臣包括規劃橋樑複雜懸索結構的工程師喬瑟夫史特勞斯（Joseph Strauss）、以及負責橋身藝術設計的建築師艾爾文莫羅（Irving Morrow）。艾爾文創造了金門大橋簡潔對稱的裝飾藝術（Art Deco）風格，也決定了橋身與眾不同、明亮對比的「國際橘」色彩。1937 年 4 月，這座總長 2.7 公里、高 227 公尺、寬 27.4 公尺，當年世界最長且最高的懸索大橋盛大完工，開幕典禮時，舊金山市與馬林縣內所有的教堂鐘聲、汽笛同時鳴天作響，全城一片歡慶。

如今金門大橋每年承載約四千萬車流量、每日約十一萬臺車輛往來通行，不僅是舊金山市橫跨海灣、聯絡北方馬林縣（Marin County）的重要交通樞紐，美麗壯觀的橋影更成為舊金山最具代表性的城市影像。

鮮為人知的大橋花絮

1. 支撐金門大橋橋面重量的兩條巨型主鋼纜分別粗達 1 公尺，各由 27,572 股鋼纜組成，總長 8 萬英哩。若將其串連起來，共可環繞地球赤道三圈！

2. 金門大橋設計初期，美國空軍曾提議將橋身漆成橘白相間的條紋、海軍則希望將其漆成如大黃蜂般的黑黃相間條紋，此外另有鋁灰、純黑色等來自各方的建議，你能想像不是橘紅色的金門大橋嗎？

3. 在加裝護欄以前，金門大橋曾是世界第二大的自殺場地，僅次於中國南京長江大橋；大蕭條時期，平均每兩星期就有一人從金門大橋上躍橋而下。事實上，多數跳橋者並非因溺斃身亡。由 75 公尺高的橋面往下墜，人體在 4 秒內即以高達每小時 120 公里的速度衝撞水面，因衝擊力道過強而粉身碎骨。

克莉絲草原賞景：大橋、沙灘、城市線

乘坐公車抵達金門大橋收費廣場（Golden Gate Bridge Toll Plaza），近距離欣賞完金門大橋的震撼景象後，繼續步行穿越停車場、沿著林肯大道（Lincoln Blvd）下坡，接往克莉絲草原大道（Crissy Field Ave）至梅森街（Mason St），便能抵達濱海區的克莉絲草原（Crissy Field）。漫步在平坦遼闊的大草原、或踏上緊鄰的沿岸沙灘中，能右擁金門大橋壯觀全景、右覽舊金山城市輪廓和藝術宮穹頂，享受多重的極致景色！

Data
金門大橋
◎電話：415-4552000
◎網站：goldengatebridge.org
◎交通：Free PresidiGo Downtown Shuttle、Bus #28, #76X

索薩利托藝術鎮（Sausalito）

　　金門大橋北方依山傍海的迷人小鎮，名稱源自西班牙文的「Sauzalito」，意為小柳樹林。1775年，西班牙探險家璜曼紐阿亞拉（Juan Manuel de Ayala）率領船艦首次駛入舊金山灣時，曾於此靠岸下錨，見到岸邊柳樹成蔭，以此命名。

　　索薩利托於1942年美國參與第二次世界大戰後快速發展，小鎮西北方的海軍造船廠（Marinship Shipyards）在短短一年內便湧進七萬五千名造船工人，建造了逾九十艘船艦，包括極具戰略意義的運輸船自由輪（Liberty Ships）便由此出廠。二次大戰後，小鎮的造船工業劃下句點，沿海的船塢變成了自由藝術者和嬉皮客的聚集社區，逐漸醞釀成現今風景如織、藝術商店與畫廊聚集的遊覽勝地。前往索薩利托觀光，除了可由渡輪大廈或41號碼頭搭乘渡輪雙程往返外，另一熱門的遊覽方式則為騎乘自行車，跨越金門大橋至索薩利托漫遊，再由小鎮搭乘渡輪返回舊金山。

Data
索薩利托渡輪
1. Blue and Gold Fleet
◎網站：blueandgoldfleet.com
◎電話：415-7058200
◎費用：單程 10 美金
2. Golden Gate Ferries
◎網站：goldengateferry.org
◎電話：415-4552000
◎費用：單程 11.75 美金

藝術宮（Palace of Fine Arts）

這座沿著潟湖而築的仿古羅馬廢墟，為知名建築師梅貝克（Bernard Maybeck）為舊金山 1915 年巴拿馬太平洋萬國博覽會（1915 Panama-Pacific Exposition）打造的展館遺跡。藝術宮由中央八角形拱廊構築而成的圓形穹頂涼亭、和兩側對稱的三十座雅典神廟式科林斯柱廊（Corinthian columns）所組成，顯露宏偉莊嚴的古典美感。

仰頭觀望圓柱頂端，可見十三位少女們攀附著柱腳朝內掩面哭泣，雕塑家俄瑞克艾勒休森（Ulric Ellerhusen）藉此隱喻著「沒有藝術的生活令人痛苦悲傷」，與梅貝克筆下的廢墟神話相互呼應。沿著長廊漫步至潟湖畔，藝術宮與湖內倒影相映，唯美得如詩如畫，白天鵝和夜光鳥悠遊地戲水而過，於湖面蕩起粼粼波紋。

DATA 藝術宮
◎地址：3301 Lyon St.
◎交通：free PresidiGo Downtown Shuttle、Bus #30, #43, #28

貝克海灘（Baker Beach）

貝克海灘
◎地址：Lincoln Blvd & Gibson Rd.
◎交通：Bus #29

金門大橋南端往西南方延伸約800公尺的長沙灘，以前曾是西班牙殖民的軍事要塞。1986年，一群舊金山年輕人於貝克海灘上搭造、焚燒高9英呎的大型木製人像與小狗木雕，成了美國西岸著名的「燃燒人」（Burning Man）年度藝術營火儀式的源始地。1990年後，每年吸引數萬人朝聖的燃燒人儀式轉移至內華達州的黑石沙漠舉行，貝克海灘回歸平靜。如今，海灘旁的樹林坡地規劃為公共烤肉營區，設有多處烤肉爐架、野餐座位，天氣好的週末假日常見舊金山居民攜帶烤肉用品來此生火野餐，飽餐一頓後走下沙灘踏水，觀看落日夕陽與沙灘盡頭的金門大橋景色，為舊金山市美麗的隱密沙灘。

梅森堡草地公園（Great Meadow Park at Fort Mason）

由海德街碼頭旁的沙灘步道繼續往西走至盡頭，沿著左側山丘健行步道爬坡約10分鐘，便可來到這片綠意盎然的寬闊草原。若説教會區的杜樂莉絲公園是嬉皮與雅痞的假日聚集地，那麼梅森堡草地公園便是濱海區時髦青年、金融白領的遊憩區。公園享有俯瞰舊金山灣、金門大橋、與惡魔島的海灣景觀，假日常見青年男子打著赤膊練習橄欖球或來場草地排球競賽；棕櫚樹下，戶外團體瑜伽課熱烈地進行著，孩童們跑跳玩耍、狗兒追逐嬉戲，是塊闔家放鬆休閒、欣賞景致的野餐場地。

梅森堡草地公園
◎地址：Marina Blvd & Laguna St.
◎交通：Bus #28, #49

Patxi's 深盤披薩

　　舊金山最熱門的芝加哥式深盤披薩（Deep-dish Pizza）店。老闆比爾費曼（Bill Freeman）向我透露製作美味深盤披薩的祕訣：嚴選最鮮甜的番茄，以慢火熬成濃郁醬汁，並採用新鮮溼酵母發酵麵團，兩者皆需耗時 24 小時以上製作時間，最後搭配具濃厚奶油風味的全脂莫澤瑞拉乾酪，鋪上新鮮配料慢火窯烤，才能製成餅皮鬆厚酥軟、內餡豐郁、且頂層乳酪濃稠拉絲的最佳口感。這裡的深盤披薩厚達 2 公分，有如鹹派一般，須使用刀叉才能享用！也有素食與無麩質披薩，並可現場由多款肉餡、配料、起士與餅皮選單中自由發揮，訂製個人風味。

Photo courtesy of Patxi's

Patxi's 深盤披薩
◎地址：3318 Fillmore St.
◎電話：415-3453995
◎網站：patxispizza.com
◎營業時間：週日至週四
　11:00am ～ 10:00pm、
　週五與週六 11:00am ～
　11:00pm
◎交通：Bus #30, #43, #28

The Dorian

　　酒吧區流露著英國紳士俱樂部的古典氣質：深棕色皮革沙發座環繞著圓桌，讓聚會談話多了一絲隱密性；背後衍伸至天花板的書櫃牆、和懸掛陳列的仿古人物畫像，在酒酣耳熱之際予人時空倒流的錯覺。穿過布簾，來到早午餐飲區，則是另一番不同韻味：明亮寬敞的挑高空間，中央華麗地懸著剔透的水晶燈，延著木桌陳列的土耳其藍色布絨餐椅、灰色皮質沙發與白灰石磚時尚雅緻。The Dorian 於週末提供美式精緻早午餐，濃郁香脆的松露帕瑪森薯條（Truffle Fries）是不容錯過的開胃點心。招牌皇家迷你漢堡（Mini Royal Dorian）內夾鄧金斯蟹、黑松露、或寶石萵苣，但價格不便宜，倒不如來份迷你蟹肉堡（Shrimp & Crab Slider），一式三份可眾人分享，與炸雞鬆餅並列熱門餐點。歡樂時光另有一美元生蠔、特選氣泡酒和玫瑰酒半價，每月第一個週三晚間七點，更有威士忌品酒會熱鬧舉行。

The Dorian
◎地址：2001 Chestnut St.
◎電話：415-8142671
◎網站：doriansf.com
◎營業時間：週二至週四 4:30pm ～ 12:00am、週五 4:30pm ～
　2:00am、週六 11:00am ～ 2:00am、週日 11:00am ～
　12:00am；歡樂時光週二至五 4:30pm ～ 6:00pm
◎交通：Bus #22, #30, #30X

金門公園
(Golden Gate Park)

很難想像這片蒼翠繁茂的碩大公園，在1870年代以前原是片荒涼沙丘，居民稱之為「境外之土」（Outside Land）。建築師威廉霍爾（William Hammond Hall）費時二十年，從種植大麥、白羽扇豆和海濱草開始養育土壤，接著慢慢培植松、柏、桉樹等樹木，引進異國花卉，如今蛻變成占地1,017英畝、綠樹成蔭且花草盛開的城市公園，比紐約中央公園面積還大20％！金門公園每年吸引約一千三百萬名遊客前來踏青、野餐泛舟、運動健身或參觀展覽，蔚為舊金山的城市瑰寶。

Data
金門公園
◎交通：Bus #5, #21, #44, #74

Tips

免費公車遊公園

若只有一個下午的時光，金門公園的景點該怎麼逛才好？如果行程夠彈性，可以選擇週末前往，便能搭乘週末限定的「免費遊園公車」（Free Golden Gate Park Shuttle），全園玩透透！遊園公車從金門公園東端的溫室花園出發，往西行經迪揚博物館、加州科博館、日本茶園、史托湖、北美水牛園、荷蘭風車、鬱金香花園…終點站為大洋海灘。公車於每週六、日早上9點至下午6點間運行，約每15分鐘一班，中途能隨時在公園內各站牌定點招手上下車，節省下步行的時間與體力。

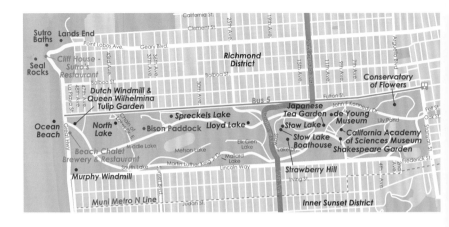

史托湖 & 草莓山（Stow Lake & Strawberry Hill）

　　史托湖為金門公園內最大的人工湖泊，環繞著中央的草莓山（Strawberry Hill）而行，綠樹成蔭、湖水靜謐，成為舊金山居民午後散步、野餐烤肉、搖槳划船的戶外活動勝地。湖畔北邊的史托湖船塢（Stow Lake Boathouse）提供小型划槳船、腳踏船與電動船租借，深受情侶與家庭出遊喜愛。史托湖以北邊的鄉村橋（Rustic bridge）與南邊的羅馬橋（Roman bridge）兩座石砌拱橋與中央的草莓山相接，山頂高約 430 英呎，能俯瞰湖畔景色。草莓山規劃有步道與階梯，全程約 2.2 英里，喜好大自然的遊客可來此健走。途中一座綠瓦紅柱的古典中式涼亭為臺北市所捐贈，山林間還有鐵路大亨柯林斯杭廷頓捐款建造的杭廷頓瀑布（Huntington Falls）。路程中，別忘了留意湖畔林間的野生動物，燕尾蝶（Swallowtail）、北美赤霞蝶（American Painted Lady）與北美大藍鷺（Blue Heron）皆在這裡棲息喔！

> **Data**
> 史托湖 & 草莓山
> ◎地址：50 Stow Lake Drive
> ◎電話：415-3862531
> ◎網站：stowlakeboathouse.com
> ◎營業時間：週一至週五 10:00am ～ 5:00pm、週六與週日 10:00am ～ 6:00pm
> ◎租船費用：划槳船每小時 21.5 美金、腳踏船每小時 27 美金、電動船每小時 37 美金

日本茶園（Japanese Tea Garden）

為美國最古老的日本花園，原為 1894 年加州冬季國際博覽會（California Midwinter International Exposition）的「日本村」展覽會場，隨後在日裔園藝家荻原誠（Makoto Hagiwara）的巧手下，由原本一英畝的小園地，擴建為現今五英畝的日式景觀花園。

走入日式廟宇般的茶園入口，荻原誠費時三十年精心建造、充滿古都風情的小橋流水庭園映入眼簾。往售票亭後方一瞧，可愛的富士山園景由樹籬草坪修剪而成，極具巧思。茶園中央的涼亭茶屋提供日式茶品與和菓子，服務生著傳統和服在此為客人奉茶。越過茶屋，來到園內最著名的拱形「月橋」（Moon Bridge），小橋弧身陡峭，與湖中倒影形成完美的圓形，吸引了遊客爭相登橋拍照。除了神社塔宇等經典建築，荻原誠更由日本進口、移植約一千株櫻花樹和一尊銅製佛像，春季時站在百花齊放的櫻花樹下，別具詩意。

DATA
日本茶園
◎地址：75 Hagiwara Tea Garden Drive
◎電話：415-7521171
◎網站：japaneseteagardensf.com
◎開放時間：三月至十月底 9:00am ～ 6:00pm、十一月至二月底 9:00am ～ 4:45pm
◎參觀費用：成人 8 美金、五至十一歲孩童 2 美金、四歲以下孩童免費；每週一、三、五 10:00am 以前入場免費

莎士比亞花園 （Shakespeare Garden）

　　四月海棠樹盛開時節，在這小巧精緻、充滿古典氛圍的隱密林間，常見戀人們來此永結誓言，舉行浪漫婚禮。花園內種植多達兩百種花卉草木，皆以英國劇作詩人威廉莎士比亞（William Shakespeare）的著作為靈感，例如《亨利八世》裡的百合花、《奧賽羅》中的罌粟花和曼德拉草、《愛的徒勞》對白裡的雛菊花和紫羅蘭……漫步至花園盡頭的泛舊紅磚牆瞧瞧，牆面的銅匾上嵌刻著莎士比亞文學作品裡的經典名言，劇中主角彷彿呢喃於耳邊。

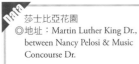

> **Data**
> 莎士比亞花園
> ◎地址：Martin Luther King Dr., between Nancy Pelosi & Music Concourse Dr.

加州科學博物館（California Academy of Sciences）

　　為世界唯一結合水族館、天文館、熱帶雨林溫室、生態自然史的科學博物館，養育約四萬隻生物、收藏近四千六百萬件生物樣本！加州科學博物館由設計巴黎龐畢度現代美術館（Centre Georges-Pompidou）的著名義大利建築師倫佐皮亞諾（Renzo Piano）打造，博物館本身就是一棟重視生態環保的科技綠建築。除了採用回收水泥與鋼材建造，享譽盛名的綠能屋頂上，則鋪有六萬片太陽能模板，提供博物館自用電力，並植育一千七百萬株加州本地植物，不僅能吸收雨水來提供灌溉室內展館植被，且能調節室溫，讓博物館內的溫度比一般建築物低華氏 10 度，大幅減少用電量。

海底生物館

　　內含水深 25 英呎的巨型珊瑚礁生態區、海底隧道、和水族箱展區，展示著多達九百種不同物種的水生動物。在這裡，可以靜靜欣賞色彩鮮豔的熱帶珊瑚

魚，成群優游在充滿各式石珊瑚與軟體珊瑚的深藍水中，觀察葉形海馬偽裝在飄動的海藻間，偶見黑翼鯊、佛氏虎鯊穿梭而過，而潛沉底部的巨型魟魚仍絲毫不為所動。

熱帶雨林館

博物館中央顯眼的巨型玻璃球體，實為一間四層樓高的熱帶雨林溫室區，常年維持在華氏 82 ～ 85 度、溼度 75％以上的生態環境。由玻璃球體底部，沿著緩坡道環繞步行而上，可逐步觀賞棲息在婆羅洲、馬達加斯加、哥斯大黎加、亞馬遜雨林的熱帶植物、和奇特怪異的爬蟲類與昆蟲。別忘了環顧四周，找出在雨林間翩翩起舞的蝴蝶與鳥類。

非洲動物館

棲息館內的最大亮點為二十隻瀕臨絕種的非洲小企鵝，趁著每日早晨十點半與下午三點的兩場企鵝餵食秀，前來觀賞企鵝們蹣跚可愛的模樣！

天文劇場館

號稱世界最大的全數位天文球形劇場。坐在傾斜 30 度的座椅中，於黑暗仰望直徑 75 英呎的巨型螢幕，自己彷彿融入了虛無的太空裡。劇場每日從早晨十點半開放至傍晚四點半，僅播映九個場次，因座位有限且十分熱門，想觀賞的遊客需提前至天文館入口排隊領票。

Data

加州科學博物館
◎地址：55 Music Concourse Drive
◎電話：415-3798000
◎網站：calacademy.org
◎開放時間：每週一至週六 9:30am ～ 5:00pm、週日 11:00am ～ 5:00pm。
◎參觀費用：24.95 ～ 34.95 美金，三歲以下孩童免費；週四博物館成人之夜 15 美金
◎免費參觀日：每季一週日，公布於官方網站

Tips

博物館成人之夜

加州科學博物館在每週四晚間 6:00pm ～ 10:00pm 舉辦「博物館成人之夜」（NightLife at the Academy），以不同科學主題舉辦派對，館內架起酒吧、熱食攤和 DJ 舞廳，遊客能在參觀博物館之餘，同時小酌跳舞。活動十分熱門，建議事前於官網訂票。

迪揚美術館（de Young Museum）

　　由建造倫敦泰特現代美術館（Tate Modern）和北京奧運鳥巢體育館的赫佐格和德梅隆（Herzog & de Meuron）建築事務所設計，具有抽象派藝術的現代主義外觀。建築採用銅片包覆，預計隨著時間氧化，呈現出微綠的外觀色彩，融入周遭樹林的自然景觀中。館藏 17 ～ 21 世紀美洲、大洋洲和非洲的藝術品，包含自 1670 年以來逾千件的美國油畫與雕塑等豐富收藏，描繪了美國歷史的縮影。美術館亦不定期舉辦時尚設計相關特展，包括法國巴黎世家（Balenciaga）與義大利寶格麗（Bulgari）等奢華品牌，都曾分別在此展出設計時裝與珠寶系列。

　　除了欣賞大師建築與藝術作品，千萬別錯過美術館東方塔頂的景觀室、以及深藏在建築西方圍牆後的雕塑公園！兩者雖然都在美術館屬地內，卻是免費開放，只要通過背包安檢入內，不需購買美術館門票，就能直接前往觀賞。站在充滿禪意、由落地玻璃圍築的環廊內，眺望舊金山市 360° 景觀，享受片刻的寧靜。

> **DATA**
> 迪揚美術館
> ◎地址：50 Hagiwara Tea Garden Drive
> ◎電話：415-7503600
> ◎網站：deyoung.famsf.org
> ◎開放時間：週二至週日 9:30am ～ 5:15pm，
> 　週五至 8:45pm、週一休館
> ◎參觀費用：6 ～ 15 美金，17 歲以下免費
> ◎免費參觀日：每月第一個週二

荷蘭風車 & 鬱金香花園
（Windmills & Queen Wilhelmina Tulip Garden）

金門公園的西北角藏著兩座具百年歷史的荷蘭風車，於 1902 年依照荷蘭威廉明娜女王（Queen Wilhelmina）所捐贈的風車藍圖建造，完工時曾是世界最大的風車。1913～1935 年期間，兩座風車每日約抽取 1.5 加侖的水，用以灌溉金門公園內的花草植木，現今則為賞心悅目的景觀風情。為了紀念威廉明娜女王的慷慨，風車的周圍環繞種植了數千株彩色鬱金香，並以女王之名為公園命名。每年三、四月間，園內鬱金香綻放，形成鮮豔繽紛的美麗風光。

Data
荷蘭風車 & 鬱金香花園
◎地址：1690 John F Kennedy Dr.
◎電話：415-8131445

溫室花園（Conservatory of Flowers）

　　1879 年開館，金門公園溫室花園為北美現存最古老的維多利雅式木製玻璃溫室建築。花園分為五大展區：季節特展區、水生植物區、熱帶高原區、熱帶低地森林區、和盆栽區，種植約一千七百種來自世界各洲、五十個國家的花草植物。其中，熱帶低地森林展區內一株具百歲高齡的大型帝王蔓綠絨（Imperial Philodendron），為園內最古老的植物。

Data
溫室花園
◎地址：100 John F. Kennedy Drive
◎電話：415-8312090
◎網站：conservatoryofflowers.org
◎開放時間：週二至週日
　10:00am ～ 6:00pm
◎參觀費用：成人 8 美金、十二
　至十七歲青少年 6 美金、五至
　十一歲孩童 2 美金、四歲以下
　孩童免費
◎免費參觀日：每月第一個週二

Beach Chalet Brewery & Restaurant

　　距鬱金香花園步行僅兩分鐘，餐廳後方碩大的草坪野餐區在假日午後時有現場音樂表演，氣氛悠閒，深獲民眾喜愛。餐廳提供三明治、沙拉、披薩、炭烤肋排、與多款得獎自釀啤酒等美式餐飲，尤以激流紅啤酒（Riptide Red）為特色招牌。餐廳每週一至五 3:00pm ～ 6:00pm 為歡樂時光，新鮮太平洋西岸生蠔特價僅一美元、特製伏特加調酒六美元、啤酒四美元！

Data
Beach Chalet Brewery & Restaurant
◎地址：1000 Great Highway
◎電話：415-3868439
◎網站：parkchalet.com
◎營業時間：週一至週四 12:00pm ～
　9:00pm、週五 12:00pm ～ 10:00pm、
　週六 11:00am ～ 10:00pm、週日
　11:00am ～ 9:00pm
◎交通：Bus #5、Metro #N

懸崖屋 & 古蘇特浴場（Cliff House & Sutro Bath）

座落於大洋海灘（Ocean beach）西北角的玄武岩崖壁上，古懸崖屋原建於 1858 年，由一位來自緬因州的摩門教退休長老，使用沖毀於懸崖下的沉船木材築成。1896 年，前舊金山市長暨地產大王蘇特（Adolph Sutro）將古懸崖屋買下重建，改造成八層樓的維多利亞式城堡俱樂部，並在懸崖東側建造了著名的蘇特浴場（Sutro Baths）。蘇特浴場由一座淡水泳池、六座海水泳池、和一間博物館共構而成，為當年世界最大的室內泳池，吸引了包括美國總統威廉麥金萊（William McKinley）等政商名流探訪。

Data

懸崖屋&古蘇特浴場
◎地址：1090 Point Lobos
◎電話：415-3863330
◎網站：cliffhouse.com
◎營業時間：蘇特酒吧餐廳週日
　至四 11:30am ～ 9:30pm、週五
　與六 11:30am ～ 10:00pm
◎交通：Bus #31, #38, #38L

蘇特懸崖屋和浴場在 20 世紀初分別燒毀於大火中，新懸崖屋直到 2004 年才重建開幕，而古浴場遺跡仍留存原址，被列為國家歷史遺跡，現屬於金門國家公園休閒區的一部分，沿著懸崖屋旁的坡道往下步行即可抵達。

懸崖屋內的蘇特酒吧餐廳（Sutro's Bar & Lounge）以挑高的落地玻璃瞭望北太平洋、海獅岩、以及古蘇特浴場的百年遺跡，餐點主軸為精緻海鮮料理，酒吧則以血腥瑪麗（Bloody Mary）和番茄馬丁尼（Tomato Martini）為大好評熱門飲品。

PART 5

舊金山六大購物區

1 聯合廣場商圈

2 瓦倫西亞購物街

3 嬉皮區購物街

4 聯合＆栗子購物街

5 費爾摩購物街

6 海斯谷購物街

聯合廣場商圈
（Union Square Shopping Area）

由市場街、包爾街、郵政街（Post St.）和金恩尼街（Kearny St.）圍起的梯形區域，為舊金山最熱鬧繁忙的國際級商圈，除了是大眾運輸的交匯轉運站，沿街更有逛不完的商店、大型購物商場、和頂級百貨名店。站在攘往熙來的大街和廣場，與形形色色來自世界各地的旅人擦肩而過，耳邊響起街頭藝人熱鬧的鼓聲喧嘩，驚嘆此城市的多樣繽紛與蓬勃生氣。

叮噹車總站（Powell Street Turntable）

跳上逾百年歷史的木造叮噹車，迎風馳騁連綿山坡，對初次到訪舊金山的遊客們，是不可或缺的體驗行程。在碩果僅存的三條叮噹車路線中，尤以包爾－梅森街（Powell-Mason）、與包爾－海德街（Powell-Hyde）兩條路線最受歡迎。叮噹車僅能單向行駛，因此當車子抵達起終點站時，需勞動人力將車頭轉向。位於包爾街與市場街交叉口的叮噹車總站轉向盤，每當駕駛與站務人員合力轉動叮噹車時，彷彿一場街頭表演秀，吸引群眾駐足圍觀。

DATA
叮噹車總站
◎地址：Powell St. at Market St.
◎交通：F、Bus #5, #31, #21, #8X, #35, #40、Metro、Cable Car、Bart

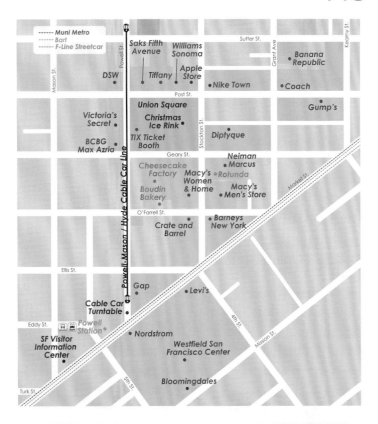

- Muni Metro
- Bart
- F-Line Streetcar

Sutter St.

Kearny St.

Grant Ave

Powell St.

Mason St.

Stockton St.

4th St.

5th St.

Mission St.

Market St.

Saks Fifth Avenue

Williams Sonoma

Banana Republic

DSW

Tiffany

Apple Store

Nike Town

Coach

Post St.

Union Square

Christmas Ice Rink

Gump's

Victoria's Secret

TIX Ticket Booth

Diptyque

BCBG Max Azria

Geary St.

Neiman Marcus

Cheesecake Factory

Macy's Women & Home

Rotunda

Boudin Bakery

Macy's Men's Store

O'Farrell St.

Barneys New York

Crate and Barrel

Ellis St.

Gap

Levi's

Powell-Mason / Hyde Cable Car Line

Cable Car Turntable

Eddy St.

Powell Station

Nordstrom

SF Visitor Information Center

Westfield San Francisco Center

Turk St.

Bloomingdales

舊金山遊客中心
（San Francisco Visitor Information Center）

沿著叮噹車總站轉向盤西側的手扶梯前往地下一樓，即可抵達舊金山遊客中心。遊客中心提供十四種語言的當地旅遊資訊、交通地圖、餐廳旅館與活動資訊、和免費無線網路。在這裡也可以買到城市券、Muni 交通觀光票券、私營雙層觀光巴士票券、還可以預約飯店住宿等，櫃檯由精通多國語言的服務人員提供諮詢。

舊金山遊客中心
◎地址：900 Market St., Halide Plaza Lower Level
◎電話：415-3912000
◎營業時間：週一至五 9:00am ～ 5:00pm、週末與假日 9:00am ～ 3:00pm；十一月至隔年四月期間週日不開放
◎交通：F、Bus #5, #31, #21, #8X, #35, #40、Metro、Cable Car、Bart

聯合廣場（Union Square）

在人潮熙攘的舊金山心臟地帶，這塊占地 2.6 英畝的廣場於 1856 年由沙丘改建而成。1861 ～ 1865 年美國南北戰爭時期，此廣場成為支持北方聯邦軍（Union Army）的集會場所，從此被稱為「聯合廣場」（Union Square）。廣場中央矗立一座高 30 公尺的勝利女神雕像，以紀念 1898 年領導美國在美西戰爭馬拉灣戰役中凱旋而歸的海軍特級上將——喬治杜威（George Dewey），此戰役奠定了美國世界列強的地位，深具歷史意義。

象徵勝利與幸運的聯合廣場如今被精品百貨名店環繞，廣場上除有露天咖啡館與甜點吧外，更不定期舉辦展覽活動，尤其每年聖誕佳節期間，勝利女神像前將矗立起一顆三層樓高的巨型聖誕樹，懸掛超過三萬盞 LED 燈飾、和一千一百顆聖誕彩球裝飾。聖誕樹旁則搭起戶外溜冰場，提供民眾租借冰刀鞋，購票入場滑冰，充滿濃厚的歡樂佳節氣氛。

聯合廣場
◎地址：Geary St., Stockton St., Post St., Powell St. 圍起
◎交通：Bus #2, #38, #3, #45, #30, #8X

Tips

☆聯合廣場上的 TIX 售票亭,於週日至四 8am ～ 4pm、週五與六 8:00am ～ 5:00pm 販售灣區表演藝文活動門票,並提供當日表演的限量特價票,僅在售票亭才買得到!有興趣看表演的遊客,不妨提早來碰碰運氣。(TIX 網站:tixbayarea.org)

西田複合購物商場
(Westfield San Francisco Center)

　　由百年歷史的新古典藝術建築重建而成,原建築師亞柏特比希思 (Albert Pissis) 是美國最早到歐洲學習巴洛克建築設計的先鋒之一。西田購物商場占地 150 萬平方英呎,結合美國主流百貨公司布魯明黛 (Bloomingdale's) 和諾德斯特龍 (Nordstrom) 百貨旗艦店,共容納約兩百間品牌門市,商品走年輕化與平價奢華路線,包括 Abercrombie & Fitch、BCBGMAXAZRIA、Banana Republic、Burberry Brit、Coach、Club Monaco、J Crew、Kate Spade、Karen Millen、Michael Kors、Swarovski、Tory Burch、ZARA…應有盡有,價格都比臺灣便宜許多。商場內設有電影院、SPA 芳療中心、咖啡店、美食街、餐廳等,輕易就能耗上整個下午。購物商場四樓的巴洛克式白色穹頂距樓面 98 英呎高、直徑 102 英呎,聖誕佳節期間熱鬧上演音樂燈光秀、並有聖誕老公公坐鎮,與孩童互動拍照,溫馨浪漫。

Data

西田複合購物商場
◎地址:865 Market St.
◎電話:415-4955656
◎網站:westfield.com/sanfrancisco
◎營業時間:週一至週五 10:00am ～ 8:30pm、週六 11:00am ～ 7:00pm
◎交通:F、Bus #5, #31, #21, #8X, #35, #40、Metro、Cable Car、Bart

百貨四巨頭

　　以聯合廣場為中心的周邊街口，因觀光、購物群眾絡繹不絕，成為百貨兵家必爭之地。美國最大的連鎖百貨公司梅西百貨（Macy's），便一口氣在此區開設了女裝暨家用館、和整棟的男裝分館，商品偏美式大眾的務實路線，假期常見折扣優惠活動。

　　與梅西百貨隔街相望的，則是高價時尚精品匯集的尼曼馬克斯百貨（Neiman Marcus），建築以四層樓高的落地玻璃帷幕，揭露出樓頂凡爾賽宮廷似的華麗玻璃穹頂，由兩千五百片彩繪玻璃，拼湊出象徵勝利啟航的風帆。位在尼曼馬克斯百貨四樓的圓頂餐廳（Rotunda），除了能近距離欣賞美麗穹頂，更以英式下午茶深受女性顧客歡迎，為購物之餘的美食享受。而若想追隨曼哈頓慾望城市般的時髦感，則可前往歷史悠久的薩克斯第五大道百貨（Saks Fifth Avenue）、或巴尼斯紐約精品百貨（Barneys New York），瞧瞧前衛個性的潮流品牌。

DATA
尼曼馬克斯百貨（Neiman Marcus）
◎地址：150 Stockton St.
◎電話：415-3623900
◎網站：neimanmarcus.com
◎營業時間：週一至三 10:00am ～ 7:00pm、
　　週四 10:00am ～ 8:00pm、週五與六
　　10:00am ～ 7pm、週日 12:00pm ～ 6:00pm
◎交通：Bus #38

Data 梅西百貨（Macy's）
◎地址：170 O'Farrell St.
◎電話：415-3973333
◎網站：macys.com
◎營業時間：週一至六
　　10:00am ～ 9:00pm、週日
　　11:00am ～ 7:00pm
◎交通：Bus #38

Data 巴尼斯紐約百貨
（Barneys New York）
◎地址：77 O'Farrell St.
◎電話：415-2683500
◎網站：barneys.com
◎營業時間：週一至三
　　10:00am ～ 7:00pm、週四
　　10:00am ～ 8:00pm、週五
　　與六 10:00am ～ 7:00pm、
　　週日 12:00pm ～ 7:00pm
◎交通：F, Bus #38

Data 薩克斯第五大道百貨
（Saks Fifth Avenue）
◎地址：384 Post St.
◎電話：415-9864300
◎網站：saksfifthavenue.com
◎營業時間：週一至六
　　10:00am ～ 9:00pm、週日
　　11:00am ～ 8:00pm
◎交通：Bus #2, #3, #8, #30,
　　#45

Williams Sonoma

　　源自加州索諾瑪葡萄酒產區的美國頂級廚具品牌，成立於 1956 年。創辦人查爾斯威廉斯（Charles Williams）曾在二次世界大戰後前往法國旅行，被當地的精緻料理文化深深打動，更對當時流行於歐洲的銅製廚具情有獨鍾，進而引入加州，為美國頂級廚具開啟了先端，風靡於政商名流圈。座落於聯合廣場北邊的舊金山旗艦店，如同富豪私宅般氣派高雅。中庭挑高的四層樓商店內，各式廚房用品應有盡有，包括鍋具烤爐、桌巾餐墊、瓷器餐具、

家飾擺設、室內香氛等，頂樓更附設整套教學式廚房、和圖書館般豐富的料理書籍專區，常有食譜作家與大廚來此舉辦簽書會、講座、與烹飪教學。

Williams Sonoma
◎地址：340 Post St.
◎電話：415-3629450
◎網站：williams-sonoma.com
◎營業時間：週一至六 9:00am～9:00pm、週日 10:00am～6:00pm
◎交通：Bus #3, #38, #2

DSW

　　展售多達兩萬雙折扣鞋履，這四層樓的男女鞋專賣商場，無疑是愛鞋人士撿便宜的購物天堂。架上鞋款目不暇給，涵蓋個人工作室至歐洲

設計大師、美國本土品牌至國際時尚名品、運動休閒風至派對宴會款式，季末折扣時來此逛逛，有機會以六折價購入經典 GUCCI 高跟鞋，或是 MIU MIU 短統皮靴。

DSW
◎地址：400 Post St.
◎電話：415-9563453
◎網站：dsw.com
◎營業時間：週一至週六 10:00am～9:00pm、週日 10:00am～8:00pm
◎交通：Bus #3、Cable Car

Gump's

在 1861 年「後淘金時期」的舊金山，迅速累積財富的新百萬富翁們對於家飾精品的需求、品味漸增，索羅門與戈斯塔兩兄弟（Solomon & Gustav Gump）看準商機，遠赴亞洲尋找靈感，將精緻地毯、銅瓷玉器、絲緞等家飾精品帶回舊金山販售，客源絡繹不絕。大廳中央顯著的清代鍍金木雕大佛像，便是兄弟倆當年由中國帶回的藝品，如今已成鎮店之寶。除了濃厚東方風情的家飾品，這裡有琳瑯滿目、品牌齊全的香氛蠟燭與精油產品，以及精緻獨特的舊金山特色紀念品，例如：珠寶盒、袖扣、紀念瓷器、裝飾品等，值得一探究竟。

DATA
Gump's
◎地址：135 Post St.
◎電話：415-9821616
◎網站：gumps.com
◎營業時間：週一至週六
10:00am ～ 6:00pm、週日
12:00pm ～ 5:00pm
◎交通：Bus #3, #8X, #30, #45

Diptyque

1961 年由畫家德斯曼納克思里特（Desmond Knox-Leet）、舞臺設計師伊夫考斯蘭特（Yves Coueslant）、與布料設計師克莉絲汀古卓特（Christiane Gautrot）三人於巴黎左岸的聖日爾曼大道創立。這三位不同領域的藝術家，透過香氛記憶對每趟旅途的獨特感動，發展出約三十款香水、七十款香氛蠟燭，連香奈兒設計大師卡爾拉格斐、超模凱特摩絲、影集《慾望城市》女主角凱莉，都是該品牌的愛好者！堪稱法國香氛的時尚指標。品牌目前在美國僅有四間直營店，舊金山分店更是美國西岸

唯一的旗艦門市。駐店調香師透露，香氛蠟燭「BALIES」是本店暢銷經典款，富含保加利亞玫瑰與黑醋栗葉萃取，融合花、草與果香芬芳。

Data

Diptyque
◎地址：73 Geary St.
◎電話：415-4020600
◎網站：diptyqueparis.com
◎營業時間：週一至週六 10:00am ～
　6:00pm、週日 12:00am ～ 5:00pm
◎交通：F、Bus #38, #45, #8

起士蛋糕工廠（Cheese Cake Factory）

室外露天餐座具備暖爐，能瞭望聯合廣場和周邊建築美景，夜晚別具風情。熱愛烘培的愛芙琳與丈夫奧斯卡歐維頓（Evelyn & Oscar Overton），在五十而知天命的年歲，冒險投入畢生積蓄，於加州創立第一家起士蛋糕工廠，開發出多達三十八種風味的起士蛋糕。愛芙琳每天埋首廚房 18 小時，製作出的起司蛋糕以風味濃郁而深受歡迎，如今全美共有多達一百五十一間餐廳分店，更外銷至拉丁美洲、中東與東歐國家。

餐廳三十年來最受歡迎的起士蛋糕口味為：新鮮草莓起士蛋糕（Fresh Strawberry Cheesecake），用料紮實且口感綿密。另有限定月份供應的特殊風味，如萬聖節期間的南瓜胡桃起士蛋糕（Pumpkin Pecan）、感恩節至聖誕節的薄荷糖起士蛋糕（Peppermint Bark）。除了甜點外，也提供多款義大利麵、披薩、三明治、海鮮料理等餐點。

Data

起士蛋糕工廠
◎地址：251 Geary St.（Macy's 8F）
◎電話：415-3914444
◎網站：thecheesecakefactory.com
◎營業時間：週一至四 11:00am ～
　11:00pm、週五與六 11:00am ～
　12:30am、週日 10:00am ～ 11:00pm
◎交通：Bus #38, #2

瓦倫西亞購物街
（Valencia Shopping St.）

由 16 街延伸至 23 街的瓦倫西亞街，原有的拉丁風情街容在新科技潮的進駐下，已逐漸洗滌褪去。特別是 15 街至 22 街段，多見穿著 T 恤與牛仔褲的年輕雅痞新貴，斜背 150 美金的在地品牌潮流郵差包、手持獨立烘培名匠咖啡。沿街有知名的手工巧克力坊、精緻版的塔可餅酒吧、復古風的紳士理容院、中世紀現代主義風格的進口傢俱店、名匠咖啡烘培館外，鎖著整排上千元的手工客製化單車等，若想一覽舊金山科技新貴最近瘋什麼？來此逛逛準沒錯。

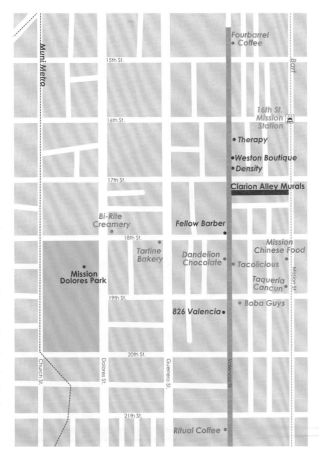

826 Valencia

誰說只有小男孩才迷海盜！走進這
間海盜店，翻翻櫃架與木箱，找尋令人
意想不到的古怪海盜用品：玻璃假眼、
毒藥糖果、藏寶木箱、迷航地圖、木
劍、虎勾、海盜帽…不僅滿足成年人未
能實現的海盜幻想、更讓小男孩們驚奇
萬分。即便非海盜沉迷者，在此也能找
到海盜 T 恤、海盜行事日誌、環保購物
袋等具特色的紀念商品。而事實上，這
間海盜店由非營利機構「826 瓦倫西亞」

（826 Valencia）開設，免費協助 6～18 歲的青少年開發寫作能力，提供師資、
教材和場地，進行團體或個人的故事創作課程。課程結束後，志工教師與
插畫家們，更協助將小朋友充滿創意與童趣的文字作品，印製成實體書籍，
實現孩童們成為小小作家的夢想！寫作教室悄悄藏身於海盜店的幕簾後，
而海盜店內所有商品的營收，更回饋作為此計畫的營運
基金，深具公
益意義。

DATA
826 Valencia
◎地址：826 Valencia St.
◎電話：415-6425905
◎網站：826valencia.org
◎營業時間：每日 12:00pm ～ 6:00pm
◎交通：Bart、Bus #33, #49, #14

Weston Boutique

　　獲得美國前第一家庭總統女兒青睞的舊金山本地設計師品牌，在瑪麗亞歐巴馬（Malia Obama）於 2001 年穿著該品牌洋裝，拍攝首張第一家庭佳節合照後受到矚目。不問還不知，創辦人暨設計師茱莉安薇絲頓（Julienne Weston），正是當年讓茱莉亞羅伯茲（Julia Roberts）一炮兒紅的電影《麻雀變鳳凰》（Pretty Woman）劇中，一襲經典黑色洋裝的設計師！茱莉安擅長設計典雅、時髦兼具的都會輕熟女風格，品牌尤以能修飾身形的季節印花洋裝最受消費者歡迎。

Data
Weston Boutique
◎地址：569 Valencia St.
◎電話：415-6211480
◎網站：westonwear.com
◎營業時間：週一至六 11:00pm ～ 7:00pm、週日 12:00pm ～ 6:00pm
◎交通：Bart、Bus #33, #49, #14

Fellow Barber

　　近年在舊金山科技潮男間逐漸發酵的，是一股復古理容風潮。這間坐落於瓦倫西亞街頭轉角的造型髮廊，便是以老派男士理容專門店為概念，發展出當代紳士理容文化（Contemporary Barber Culture）的代表，大受潮男歡迎。店內的古典木製裝潢、60 年代理髮椅與梳妝臺，都充滿濃濃的復古味。Fellow Barber 提供精緻男士剪髮、和過程講究的傳統剃刀刮鬍（Straight Razor Shave），價格不菲，但據店內顧客描述，是令人上癮的舒適經驗。有趣的是招牌上的「宿醉治療」（Hangover Treatment），即傳統的紳士作臉服務，以冷熱交替的毛巾幫助臉部放鬆清醒，再施以精油按摩護膚、清潔緊縮毛孔，雖不曉得對宿醉清醒的實際效果如何，卻提供男士們大爺般的享受。

Data
Fellow Barber
◎地址：696 Valencia St.
◎電話：415-6219000
◎網站：fellowbarber.com
◎營業時間：週一至五 9:00am ～ 9:00pm、週六 8:00am ～ 6:00pm、週日 9:00am ～ 5:00pm
◎交通：Bart、Bus #33, #49, #14

Density

腹地精巧的時髦服飾品店，主要引進由舊金山灣區設計師所設計、製造的在地商品。例如中島區一系列由當地藝術家創作、以舊金山城市印象和加州風情為主題的設計款 T 恤，便充滿地域特色，若想挑選不易撞衫的紀念上衣，不妨來此尋寶。男裝系列包括許多基本款單寧、雅痞襯衫；女裝系列以色彩鮮豔的圖騰印花、美式混搭風格為主。

Density
◎地址：593 Valencia St.
◎電話：415-5522249
◎營業時間：週四至二 12:00pm ～ 6:00pm、週三公休
◎交通：Bart、Bus #33, #49, #14

Tacolicious

緣起於 2009 年夏天，由渡輪大廈週四農夫市集起家的一間墨西哥塔可餅小攤，在短短數年間，擴展成為結合調酒吧的雅痞工業風墨西哥連鎖餐廳。不同於教會區其他傳統墨西哥家庭小館，Tacolicious 逢迎了講究有機飲食、探索混搭口味的舊金山新世代，採用加州在地農場食材，創造出精緻版的特色塔可玉米餅（Taco）。熱門的塔可餅口味，包括以墨西哥瓜希柳辣椒煨煮的牛小排餡塔可餅（Guajillo-braised Beef Taco）、以龍舌蘭酒和啤酒燉煮的雞肉餡塔可餅（Shot-and-a-beer Braised Chicken Taco）、搭配小茴香與萊姆酸奶的炸鱈魚排塔可餅（Baja-style Pacific Cod Taco），另有季節性風味，如烤奶油果南瓜餡塔可餅（Roasted Butternut Squash Taco）等，風味與眾不同，值得一試。

Data
Tacolicious
◎地址：741 Valencia St.
◎電話：415-6496077
◎網站：tacolicious.com
◎營業時間：每日 11:30am ～ 12:00am
◎交通：Bart、Bus #33, #49, #14

Tips

Coffee Break

瓦倫西亞街上另有舊金山享譽盛名的兩大獨立烘焙咖啡館總店——Ritual Coffee 與 FourBarrel。兩家咖啡館皆為在地人盡皆知的工匠質感咖啡品牌，與藍瓶咖啡（Blue Bottle）相互較勁，可謂三強鼎立，各具忠實擁護者。愛好咖啡的遊客不妨趁著逛街空檔前往品嘗比較，或許回臺灣後就再也喝不慣連鎖品牌咖啡了呢！
・Ritual Coffee，地址：1026 Valencia St.
・Four Barrel，地址：375 Valencia St.

嬉皮區購物街
（Haight-Ashbury Shopping St.）

　　時光回溯至 1967 年夏日，一場名為「夏日之愛」（Summer of Love）的反政治文化運動，號召了數十萬名深受波希米亞主義影響的叛逆青年，由美國各地湧進舊金山黑特街（Haight St.）與艾許伯里街（Ashbury St.）街區。他們身著色彩鮮豔的上衣、頭戴鮮花，以藝術表演來宣揚自由反戰的理念，推崇無政府和反主流文化。為追求內心解放，青年們沉迷於大麻帶來的快感，卻也因此將爵士藍調音樂，衍伸詮釋出紅極一時的迷幻搖滾風格。這群人被稱作「嬉皮士」（Hippie），而黑特—艾許伯里街區，更成了孕育美國「嬉皮文化」的發展中心。如今，這裡仍遺留五十年前濃厚的反叛嬉皮風與搖滾味，滿街的古董二手衣店、復古唱片行、波希米亞風服飾店、刺青穿洞店、水煙行……，等著遊客來挖寶。

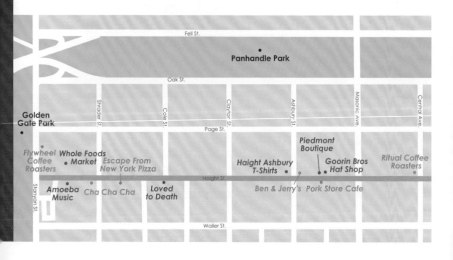

Piedmont Boutique

雙腿由二樓伸出窗外的網襪女郎，以大膽挑逗之姿成為嬉皮區購物街上最醒目的商家。從女郎的雙腿下走進店內，各種主題變裝、反串皇后、迪斯可派對等衣著配飾、彩色假髮、面具手扇……令人目不暇給，實為派對舞會、搞怪裝束的補給站。產品標新立異、舞臺效果俱佳，讓此店也成為許多地下搖滾樂團、舞女郎、變裝秀演員的採購基地。

Piedmont Boutique
◎地址：1452 Haight St.
◎電話：415-8648075
◎網站：piedmontboutique.com
◎營業時間：每日 11:00am～7:00pm
◎交通：Bus #71, #71L, #6, #43

Goorin Brothers Hat Shop

逾百年歷史的手工訂製帽家族企業，用料講究、車工紮實且製作精美，成為美國名流界炙手可熱的帽子品牌，包括影帝丹佐華盛頓和布萊德彼特都是該品牌顧客。在這裡，可以找到深受雅痞型男喜愛的英式復古紳士帽、影星名媛日常穿搭的巴拿馬帽、三零年代仕女鐘形帽、可摺疊收納的海灘度假帽、大簷帽、卡車司機帽、毛線帽、皮帽、報童帽、甚至婚宴派對用的花俏帽飾品等，所有帽子皆能依照個人頭圍修改，並接受特殊訂製。不曉得該從何入

手也沒關係，就交給現場經驗老道的店員，針對你的風格提供造型建議吧！

Goorin Brothers Hat Shop
◎地址：1446 Haight St.
◎電話：415-4369450
◎網站：goorin.com
◎營業時間：週日至週四 11:00am～7:00pm、週五與週六 10:00am～7:00pm。
◎交通：Bus #71, #71L, #6, #43

Loved to Death

　　實體骷髏大概是這間店內最不新奇的商品。除了牆上掛滿的擬人化動物剝製標本外，更仔細往櫥窗內瞧，純銀戒指上鑲的不是珠寶，而是人骨牙齒；晶透的垂墜耳環內，以樹脂包覆著一隻毒蝎子；哥德風項鍊上，黏綴著真蝙蝠翅膀；角落灌滿液體的玻璃瓶罐內，朦朧間浮出動物器官！另有河豚標本、浣熊標本、鱷魚頭標本……不至於毛骨悚然，卻仍異類至極。

Haight Ashbury T-Shirts

　　充滿嬉皮本色的 T 恤專賣店，在這能找到具嬉皮標誌與口號的彩色手染衫、早已絕跡的棒球隊古董 T 恤複刻版，或者採用 60、70 年代搖滾樂團與爵士樂團為主題的印製 T 恤，包括傳奇樂團披頭四、滾石樂團、感恩致死（Grateful Dead）、齊柏林飛船（Led Zrpprlin）、雷鬼樂之父巴布馬利（Bob Marley）、電吉他之神吉米亨德里克斯（Jimi Hendrix）的紀念上衣等，看著釘滿店牆與天花板的各式圖騰 T 恤，即便不是嬉皮士，也能體驗當年的嬉皮風情和音樂狂熱。

DATA
Loved to Death
◎地址：1681&1685 Haight St.
◎電話：415-5511036
◎網站：lovedtodeath.com
◎營業時間：每日 12:00pm ～
7:00pm
◎交通：Bus #71, #71L, #6, #43

DATA
Haight Ashbury T-Shirts
◎地址：1500 Haight St.
◎電話：415-8634639
◎網站：ha-tshirts.com
◎營業時間：每日 10:30am ～
7:00pm
◎交通：Bus #71, #71L, #6, #43

Amoeba Music

　　店裡收藏百萬張鐳射唱片、卡帶、古董黑膠唱片和留聲機唱片，不論種類及規模都令人驚嘆不已，為舊金山市裡最多元齊全的唱片行。這裡搜刮的音樂唱片類型不僅限於榜上有名的熱門流行音樂，更有眾多地下搖滾樂團、獨立製作、實驗性音樂、靈魂樂、電子樂、新舊爵士樂、鄉村樂，經典老電影原聲配樂，就連別處難尋的小眾、絕版專輯也找得到！愛樂人士別錯過。

Data
Amoeba Music
◎地址：1855 Haight St.
◎電話：415-8311200
◎網站：amoeba.com
◎營業時間：每日 11:00am ～ 8:00pm
◎交通：Bus #71, #71L, #6, #43

Pork Store Cafe

　　1916 年由來自捷克斯拉夫的移民屠夫創立，原本是一間肉品與臘腸專賣店鋪，在 50 年代轉型　餐廳，成為嬉皮區購物街上熱門的早午餐館。既然以肉品起家，來到此地就得嚐嚐熱門菜：炸牛排佐雞肉醬（Chicken Fried Steak）！英文原名乍聽之下，常令亞洲遊客誤認為是炸雞排餐點，實則美國南方經典的特色料理，將牛肉捶嫩、醃漬後，裹覆麵包粉，入鍋油炸至外層金黃酥脆，最後淋上特製雞肉醬汁，鮮味可口。配餐搭配比司吉、煎蛋和馬鈴薯，分量飽足。

Data
Pork Store Cafe
◎地址：1451 Haight St.
◎電話：415-8646981
◎網站：porkstorecafe.com
◎營業時間：週一至週五 7:00am ～ 3:30pm、週六與週日 8:00am ～ 4:00pm。
◎交通：Bus #71, #71L, #6, #43

聯合&栗子購物街
（Union & Chestnut Shopping St.）

聯合購物街夾在舊金山兩大時髦地域：北邊濱海區（Marina）與南邊太平洋高地（Pacific Heights）中間。過去曾是一大片牧牛場地，供應當時舊金山灣區居民新鮮牛奶，人稱牛谷地（Cow Hollow）。隨著19世紀末城市開發，富人移居至此，豪宅如雨後春筍般築地而起。現今，牛谷地搖身成為深獲當地人喜愛、充滿慢活悠閒氛圍的歐式購物區。在歌賦街（Gough St.）至費爾摩街（Fillmore St.）路段，可見小型藝廊、珠寶店、餐廳、咖啡館、服飾與家飾精品店，藏身於1870年代興建的維多利亞式和愛德華式古老木屋中，逛街的同時也能一併欣賞古典又可愛的舊金山建築！漫遊完聯合街後，轉個角繼續往北步行至栗子街（Chestnut St.），於費爾摩至戴維斯德羅街（Divisadero St.）之間，另有約五個街口的熱鬧商圈，多為國際品牌大型的連鎖支店。

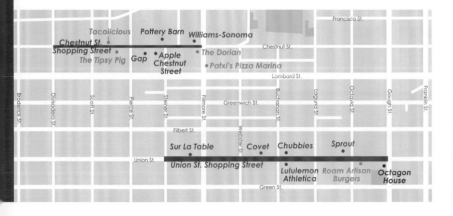

八角屋
（Octagon House）

　　這棟可愛的天藍色八角形住宅（Octagon House）建於 1861 年，是舊金山碩果僅存的維多利亞式八角屋，被列為國家歷史遺跡。屋內收藏來自美國殖民時期、與南北戰爭時期的藝術品與古董傢俱，只在限定時間開放民眾參觀。八角屋建築於 19 世紀中期在美國、加拿大蔚為風潮，因為能引進比四角形建築更充裕的陽光，且將土地空間更有效率運用，而廣受喜愛。

DATA
八角屋
◎地址：2654 Gough St.
◎電話：415-4417512
◎網站：nscda.org
◎開放時間：每月第二個週日、第二和第四個週四，12:00pm ～ 3:00pm
◎交通：Bus #45, #41

Sprout

　　專門販售經國際認證之天然有機原料、或環保回收材質再製的嬰幼兒商品與孕婦用品，以環保健康為訴求，擄獲濱海區媽媽們的青睞。Sprout 品牌創辦人蘇珊普萊絲（Suzanne Price）原本是投資銀行裡一位研究環保與健康產品的專員，懷孕後因為苦尋不著販賣全天然嬰兒用品的商店，而決定自創品牌，將親自把關、試用過的產品，介紹給有同樣需求的父母。品牌特色產品包括：以白樺木、楓木和天然樹油顏料製造的嬰兒床；有機竹纖維的幼兒睡衣；百分百回收奶瓶罐再製的孩童玩具等。

DATA
Sprout
◎地址：1828 Union St.
◎電話：415-3599205
◎網站：sproutsanfrancisco.com
◎營業時間：週一至週六 10:00am ～ 7:00pm、週日與例假日 11:00am ～ 5:00pm
◎交通：Bus #45, #41

Covet

　　藏身於可愛的糖果色古典維多利亞式建築中，裡頭豐富而色彩鮮豔的服裝與飾品系列引人駐足。這裡販售的所有飾品皆由店老闆暨珠寶設計師安卓雅瓦莉（Adrienne Wiley）自手設計創作。安卓雅擅長將衝突的的色彩、形狀與材質巧妙混搭，並將旅行中收集的二手收藏品，如德國手繪玻璃、法國戰時勳章、西班牙馬賽克等元素融入飾品設計中，兼具現代與復古的美感。「想為女性創造隨性、不費勁的時髦風格（Effortlessly Chic）」，她笑說。除了每季推出新品，安卓雅也接受客製化訂做，連歌手瑪麗亞凱莉、網球巨星賽琳娜威廉絲，都曾被目擊配戴該品牌首飾。店內另引進來自英國倫敦、西班牙馬拉加、波特蘭與西雅圖的服裝與配件，風格趣味活潑。

Covet
◎地址：2042 Union St.
◎電話：415-4402373
◎網站：covetsf.com
◎營業時間：週一至四 11:00am ～ 6:30pm、週五與六 11:00am ～ 7:00pm、週日 11:00am ～ 6:00pm
◎交通：Bus #45, #41

Sur La Table

相較於舊金山本地頂級廚具名店 Williams Sonoma，來自華盛頓州的 Sur La Table 原本只是間在西雅圖派克市場（Pike Place Market）裡的進口餐廚用品小舖，為當地廚師補貨的好去處，如今在全美國已擴展成擁有百餘間分店的連鎖品牌。店裡提供琳琅滿目的廚房用品，包括烘培器皿、烤盤、烤模與切模、日本與德國進口三德廚刀、西式主廚刀、鄉村風餐具餐飾品等，價格更是走親民路線。店裡經常舉辦知名鑄鐵鍋品牌 Le Creuset、Staub、Lodge 基本款鍋具優惠，喜歡鑄鐵鍋的朋友們不妨來此碰運氣。

Lululemon Athletica

在充滿年輕新貴且熱愛運動養生的舊金山有這麼一個笑話：前往濱海區走一遭，絕對撞見綁著馬尾、穿著緊到不行的露露萊檬（Lululemon）褲女人。雖然是以瑜伽褲起家，這來自加拿大的品牌早已成為風靡美國的國民有氧運動服，因透氣舒適的材質，且具有腿部緊實雕塑的視覺效果，讓女性愛不釋手，不管是做瑜伽、上健身房、慢跑，甚至拿來當緊身褲皆能「一褲到底」。除了熱賣的多款男女瑜伽服外，另有網球裝、專業單車裝，甚至是具抗 UV 功能的泳衣和慢跑系列。

Chubbies

由四位史丹佛大學畢業校友創立的短褲品牌，主攻大學青年的「兄弟會派對風格」（Frat-boy Style）：彩度鮮豔、大膽花俏，且內側褲縫長度僅 5.5 吋的小短褲，與品牌名稱「Chubbies」（美式俚語意為：胖大腿）呼應得恰到好處。由於訴求清晰、風格明顯，Chubbies 自 2012 年發表後，便在美國眾多大學院校兄弟會間掀起一陣風潮，曾經創下單款單日一萬條銷售量，據說就連身為耶魯大學兄弟會成員的美國前總統小喬治布希（George W. Bush）也擁有一條該品牌露腿褲。品牌產品皆為加州設計、美國製造，創辦人卡斯特羅（Rainer Castillo）笑稱，將致力以派對風露腿褲，來與垂墜及膝的卡其工裝褲（Cargo Pants）、或寬鬆運動褲相抗衡！除了主打的露腿短褲，在 Chubbies 還能找到與眾不同的度假風派對衫、男士泳褲系列。

Chubbies
◎地址：1980 Union St.
◎電話：315-4002482
◎網站：chubbiesshorts.com
◎營業時間：週二至四 11:00am ～ 7:00pm、週五與六 11:00am ～ 9:00pm、週日 12:00pm ～ 7:00pm
◎交通：Bus #45, #41, #22

Roam Artisan Burgers

在舊金山，吃漢堡也可以變得很雅痞。老闆喬許（Josh Spiegelman）將「工匠精神」帶入漢堡料理，提供九種漢堡醬料、十八種配料，讓顧客能隨心所欲創造獨特的漢堡風味，成為特色賣點。喬許對食材嚴格計較：採用百分百牧草飼養、具 80％瘦肉的新鮮牛肉為肉餡，鋪上無麩質有機蔬菜，連薯條都只用米糠油炸！琳瑯滿目的配料不曉得該如何搭配才好？沒關係，試試餐廳的獨家配方：以辣傑克起士、墨西哥辣椒、玉米烙餅條、田園白醬呈現的西南德州風情「Tejano 漢堡」；或是用蘋果木煙薰培根，再淋上義大利傳統芳提那起士的「Heritage 漢堡」，皆為主廚推薦口味，與特色鹹焦糖奶昔或舊金山式雅痞飲料：Kumbucha 微酸發酵紅茶十分速配。

Roam Artisan Burgers
◎地址：1785 Union St.
◎電話：415-4407626
◎網站：roamburgers.com
◎營業時間：每日 11:30am ～ 10:00pm
◎交通：Bus #45, #41, #47, #49

費爾摩購物街
(fillmore Shopping St.)

　　費爾摩區在 1906 年舊金山大地震後，曾一度取代了遭大火毀壞、疲於重建的市中心，成為舊金山的貿易中心。這兒歷經了數次民族大遷徙，包括來自東歐的猶太移民、二戰前的日本移民，以及於其後進駐的非裔美洲人。非裔美洲人與費爾摩區爵士文化的崛起息息相關，當年湧進的移民除了沿岸的造船工人，另有許多音樂家與藝術家，帶動了爵士樂的蓬勃發展。

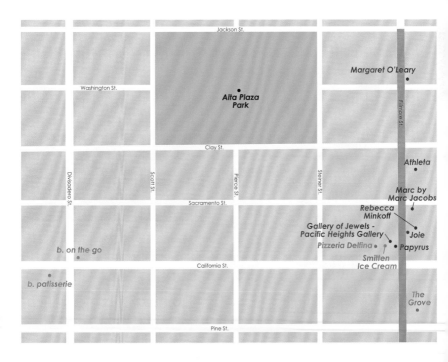

1940～1960 年代，舊金山費爾摩區已經成為美國爵士樂重鎮，人稱「西岸的哈林區」（Harlem of the West），吸引國內頂尖爵士音樂家，包括「爵士樂之父」路易斯阿姆斯壯（Louis Armstrong）、以及「爵士樂第一夫人」艾拉費茲潔拉（Ella Fitzgerald），都曾前來切磋琢磨。

　　現今的費爾摩區商店林立、充滿藝術氛圍，除了舊金山本地製造的設計商品外，也吸引越來越多的美國知名品牌來此開設門市。購物街的風格以美式摩登為主流，品質精緻，被《美國新聞與世界報導》周刊評比為美國最棒的購物街之一，和喧囂擾攘的聯合廣場商圈、或標新立異的嬉皮區商店街風格迥異。或許正與充滿爵士靈魂的歷史淵源有關，讓費爾摩購物街，多了那麼一份浪漫隨性的假日氣息。

Margaret O'Leary

　　品牌創始人瑪格麗特（Margaret）來自愛爾蘭的農村大家族，從小看著母親為全家十二位孩子編織毛線衣，也培養起她對針織物品的興趣與天賦。隨著家族移民至舊金山後，瑪格麗特開始在家中手工織造毛線衣，並少量販賣給鄰近的精品店，沒想到短短一年內便受到美國巴尼斯紐約精品百貨公司的發掘引進，繼而創立自己的品牌門市。品牌以做工精緻的純棉、亞麻、絲絨，以及蘇格蘭喀什米爾針織衣物聞名，好萊塢明星中，包括：瑪丹娜、凱特哈德森、荷莉貝芮、珍妮佛嘉娜等人，都是其針織衫的愛好者。

> DATA
> Margaret O'Leary
> ◎地址：2400 Fillmore St.
> ◎電話：415-7719982
> ◎網站：margaretoleary.com
> ◎營業時間：週一至六 10:00am～
> 　 6:00pm、週日 11:00am～6:00pm
> ◎交通：Bus #10, #24, #3

Joie

具自然不造作的「南加州女孩」清新、活潑風格，服飾多為百分百精緻棉、絲或亞麻材質，夏季常見色彩鮮豔的印花、線條圖騰與復古蕾絲等元素，塑造舒適度假風印象的同時仍不失雅致時髦，成為衣櫥裡的百搭款。服裝常獲美國時尚編輯青睞登上雜誌內頁，更是熱門影集「花邊教主」（Gossip Girls）裡的御用品牌之一。

Data
Joie
◎地址：2116 Fillmore St.
◎電話：415-4000367
◎網站：joie.com
◎營業時間：週一至六 11:00am～7:00pm、週日 12:00pm～6:00pm
◎交通：Bus #1, #3, #24

Gallery of Jewels

即使是櫥窗瀏覽也令人賞心悅目，三家分店共集結一百二十多位舊金山本地、美國他州與加拿大的新銳珠寶設計師作品，堪稱設計師品牌最多元的珠寶飾品店，更成為美國珠寶設計新秀的展演舞臺。在費爾摩的分店內能發掘風格迥異、獨特精緻的寶石或半寶石設計首飾，尤以月光石、祖母綠寶石材質，以及多層次的設計，最受費爾摩區的雅痞女性歡迎。

Data
Gallery of Jewels
◎地址：2115 Fillmore St.
◎電話：415-7715099
◎網站：gallery-of-jewels.com
◎營業時間：週一至六 10:30am～6:30pm、週日 11:00am～6:00pm
◎交通：Bus #1, #3, #24

Pizzeria Delfina

令人一吃就上癮的義大利南方拿坡里式（Neapolitan-inspired）薄餅披薩：手工製作的三毫米薄餅皮，鋪上以新鮮牛奶製成的莫薩里拉乾酪（Mozzarella Cheese）、搭配聖馬爾札諾蕃茄（San Marzano）為基底，送入攝氏485℃高溫窯爐烘烤，產出外緣微焦酥脆、中央起司與配料熔融多汁、外觀樸實入口卻香味四溢的薄片披薩。餐廳老闆暨得獎名廚克雷格史托（Craig Stoll）堅持「農場到餐桌」（Farmers-to Table）原則，所有食材皆由有機農場新鮮直送，熱門料理包括：鮮味濃郁的鯷魚餡Napoletana

披薩、搭配自製茴香香腸的 Salsiccia 披薩、幾乎每桌都有點的經典拿坡里紅醬燉肉丸，配上烤得酥脆的切片麵包⋯無酒精飲料則一定要試試餐廳特製的檸檬汁（Housemade Limonciata），清新酸甜得恰到好處。

資訊

Pizzeria Delfina
◎地址：2406 California St.
◎電話：415-4401189
◎網站：pizzeriadelfina.com
◎營業時間：週一、三、四 11:30am ～ 10:00pm；週二 5:00pm ～ 10:00pm；週五與六 11:30am ～ 11:00pm；週日 11:30am ～ 10:00pm
◎交通：Bus #1, #3, #22

b. patisserie

　　舊金山最熱門的法式精緻甜點坊，主廚布琳達（Belinda Leong）曾於舊金山知名米其林星級法國餐廳 Gary Danko 擔任甜點主廚八年。在創立甜點坊 b. patisserie 之前，布琳達曾花費兩年時間閱歷歐洲，體驗法國、西班牙、比利時、丹麥的各式糕點，並前往被譽為「甜點界畢卡索」的法國甜點名店──皮耶赫梅（Pierre Hermé）工作，學習正統法式甜點製作，也深刻體會了巴黎人對甜點的吹毛求疵。返回舊金山後，布琳達帶回的不僅是道地的法式口味，更是巴黎人「甜點等同於精緻藝術」的美學理念，結合味覺、視覺和氛圍的感官饗宴。

　　店內著名的 Grande Macaron 莓果夾心馬卡龍，傳襲著「外層略酥具嚼勁、內餡芬香滑順」之正統法式香草杏仁餅的層次口感，夾心內排列著新鮮多汁的覆盆莓果，與富含玫瑰香味的奶油慕斯融合在口中，齒頰留香。此外，主廚布琳達特別推薦的布列塔尼點心 Kouign-amann，更是這裡非吃不可的招牌甜點，這似可頌又非可頌的古老法式烘培品，層次比可頌紮實酥脆，散發著焦糖和鹹奶油的濃郁。

DATA
b. patisserie
◎地址：2821 California St.
◎電話：415-4401700
◎網站：bpatisserie.com
◎營業時間：週二至日 8:00am ～
　6:00pm，週一公休
◎交通：Bus #1

海斯谷購物街
（Hayes Valley Shopping St.）

　　沿著市政廳旁的海斯街（Hayes St.）往西步行 10 分鐘，便可抵達舊金山市區新興的雅痞購物區——海斯谷購物街。介於富蘭克林街（Franklin St.）和拉古納街（Laguna St.）之間僅三個街區，相較於其他購物區的規模，實屬小巧可愛的散步地點。這裡有許多以男仕為客源訴求的獨立精品店，包括服飾配件、進口鞋款、年輕潮包、手工自行車等。入夜後，常見當地上班族相約來此地的啤酒花園、風格酒吧、或咖啡小館內小酌聚會。

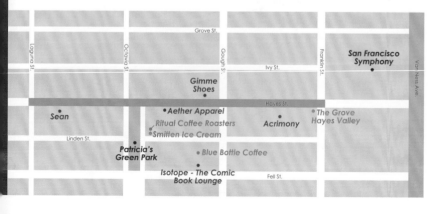

Sean

　　故事緣起於一次巴黎的度假之旅，當時仍任職市場行銷工作的西恩凱薩狄（Sean Cassidy）於巴黎浮日廣場旁，意外發掘由法國設計師艾米拉法瑞（Emile Lafaurie）開設的男裝店。西恩被艾米拉著重車工細節、講求面料與色彩選用

的男裝設計深深吸引，之後每次來到巴黎，必定前往大肆採購，甚至將整系列的服飾都買回，擦出兩人友誼與合作的火花。多年後，西恩於紐約蘇活區開設第一家同名品牌精品店，獨家銷售和艾米拉法瑞合作的聯名系列男裝，獲得紐約雅痞紳士們的喜愛，生意由東岸紐約拓展至西岸加州。品牌男裝承襲一貫的法式精工質感，卻價位合理。紐約媒體形容西恩男裝為英國保羅史密斯（Paul Smith）、法國阿尼亞斯貝（Agnès b.）與美國傑克魯（J. Crew）的綜合體，評價極高。店內男裝包括正式西裝與休閒系列，換季時提供精選商品折扣，是入手的絕佳時機。

Data

Sean
◎地址：575 Hayes St.
◎電話：415-4315551
◎網站：seanstore.com
◎營業時間：週一至六
　11:00am ～ 7:00pm、週日
　12:00pm ～ 6:00pm
◎交通：Bus #21

Acrimony

集結了許多風格獨特的國際潮牌，包括丹麥怪傑設計師亨利克維斯科夫（Henrik Vibskov）的男裝、華裔設計師亞歷山大王（Alexander Wang）的包款配件、日本設計師山本耀司與愛迪達合作的運動品牌 Y-3、加拿大街頭潮牌 Lifetime Collective 與 Wings+Horns、美國型男襯衫品牌吉特曼兄弟（Gitman Brothers）、或是具個性派甜美風的 Funktional 洋裝等，臺灣難得一見的潮流指標品牌。

DATA
Acrimony
◎ 地址：333 Hayes St.
◎ 電話：415-8611025
◎ 網站：shopacrimony.com
◎ 營業時間：週一至六 11:00am ～ 7:00pm、週日 12:00pm ～ 6:00pm
◎ 交通：Bus #21

Aether Apparel

　　來自洛杉磯的熱門戶外運動服飾專門店，結合時尚設計與專利科技織維材質，強調機能性與潮流感互不妥協。例如，大獲摩托車騎士們青睞的機能夾克（Skyline Motorcycle Jacket）具有透氣防水的三層抗磨損纖維、肩肘和背部專利吸震護墊，以及符合人體工學的剪裁設計；品牌經典款登山夾克（Altitude Mountain Jacket），能三段式調整夾克連帽大小，且隨戶外條件保持體溫和溼度。海斯谷的 Aether 旗艦店由三個海運貨櫃改造組建而成，店內以三層樓高的循環輸送帶系統展示服飾，不論是門市外觀或內裝，皆形成特立獨行的時髦建築體。

> **Data**
> Aether Apparel
> ◎地址：489 Hayes St.
> ◎電話：415-4372345
> ◎網站：aetherapparel.com
> ◎營業時間：週二至六
> 　11:00am ～ 7:00pm、週
> 　日 11:00am ～ 6:00pm、
> 　週一公休
> ◎交通：Bus #21

Gimme Shoes

　　1984 年在舊金山創店，Gimme Shoes 採購團隊每年環遊世界，從義大利、巴黎、北歐、西班牙、英國等時尚大城的設計師工作室中，搜羅最新流行男女鞋款。精品店每季依不同流行，更換合作的設計師，更是美國第一家引進以民族色彩聞名的比利時新銳設計師德萊斯范諾頓（Dries Van Noten）、

> **Data**
> Gimme Shoes
> ◎地址：416 Hayes St.
> ◎電話：415-8640691
> ◎網站：gimmeshoes.com
> ◎營業時間：週一至六
> 　11:00am ～ 7:00pm、週
> 　日 12:00pm ～ 6:00pm
> ◎交通：Bus #21, #47, #49

以及擅長休閒軍裝風格的德克畢蓋柏格（Dirk Bikkembergs）的設計鞋履，可謂眼光獨到。在這裡也找得到時尚大牌如日本高田賢三（Kenzo）、英國保羅史密斯（Paul Smith）、美國馬克傑各布斯（Marc Jacobs）的鞋款，或者少量如愛迪達等運動品牌的特殊限定款，成為舊金山足下時尚追隨者的朝聖地。

Ritual Coffee

　　舊金山火紅的烘焙咖啡品牌——儀式咖啡（Ritual Coffee），有座行動咖啡屋就位在海斯街與奧克塔維亞街（Octavia St.）口的海斯綠地公園（Hayes Green Park）上。儀式咖啡和競爭者藍瓶咖啡（Blue Bottle Coffee）可謂帶動舊金山自 2005 年起，人稱「第三波咖啡」革命運動的先驅，也是讓本地獨立咖啡烘焙品牌大肆興起的開端。第三波咖啡革命者將咖啡視為工匠藝術品，追求體現純粹的優質咖啡豆原味，因而對原料、烘焙手法，以至於最後咖啡成品的過程環節斤斤計較。該品牌每季自中南美洲與非洲的咖啡農場精選新鮮咖啡原豆，採用極淺烘焙手法，以體現各農場特有的咖啡豆風味。本店受歡迎的季節濃縮（Seasonal Espresso）咖啡每季口感與風味不同，令人回味。在海斯谷逛累了不妨在此停留，於公園綠地中喝杯咖啡。

DATA

Ritual Coffee
◎地址：432b Octavia St.
◎電話：415-8650989
◎網站：ritualroasters.com
◎營業時間：每日 7:00am ～ 7:00pm
◎交通：Bus #21

同位素漫畫吧（Isotope Comics Lounge）

在海斯谷購物街區的外緣街角，藏著一間被評為舊金山五大最佳漫畫店之一的漫畫沙發吧。漫畫吧的老闆詹姆士（James Sime）頂著一頭如諧星金凱瑞般狂妄沖天的短髮，唇上蓄著菱角的山羊鬍，表情誇張、喜感十足，言談間處處流露著對漫畫的狂熱。詹姆士原本是高級酒吧的調酒師，晚上穿著西裝為客人調酒，白天則沈迷於閱讀漫畫書籍，夢想著開一間心目中理想的漫畫店：「一間時髦、性感又親切的漫畫店。」幾年後，他頂下了一間即將關門大吉的老舊書店，花下積蓄大肆改裝，訂製普普風大紅皮椅沙發、花樣相襯的吧台櫃、架起工業風的極簡陳列牆，打造出一個適合顧客寧靜閱讀，且能讓漫畫藝術家在此展示創作、舉辦活動的複合空間。

走進同位素漫畫吧，感受不到傳統漫畫書店擁擠狹迫的感覺，比較像是間挑高藝廊，這裡見不到零散雜亂的模型玩具、漫畫人物收集卡或可愛布偶…主角是包羅萬象的漫畫書籍，包括主流出版社的熱門漫畫、也有小量出刊的漫畫

DATA

Isotope Comics Lounge
◎地址：326 Fell St.
◎電話：415-6216543
◎營業時間：週二至五 11:00am ～ 7:00pm、週末 11:00am ～ 6:00pm
◎交通：Bus #21, #47, #49

輯、藝術家獨立出版的漫畫作品、或者手工製作的迷你漫畫等。不知道從何下手？不如就舒舒服服地朝皮質沙發和長椅坐下閱覽，請知識豐富的店長為你推薦。臨走前，別忘了瞧瞧屋樑上排列展出、全球唯一的「漫畫馬桶蓋博物館」（Comic Rockstars Toilet Seat Museum），馬桶蓋上全是由知名漫畫藝術家，包括 Brian Wood、Rick Remender、Jim Lee 等親筆創作簽名的漫畫。

WELCOME to th

wine grow

NAPA

1 納帕酒鄉

2 七家特色酒莊

3 納帕另類玩

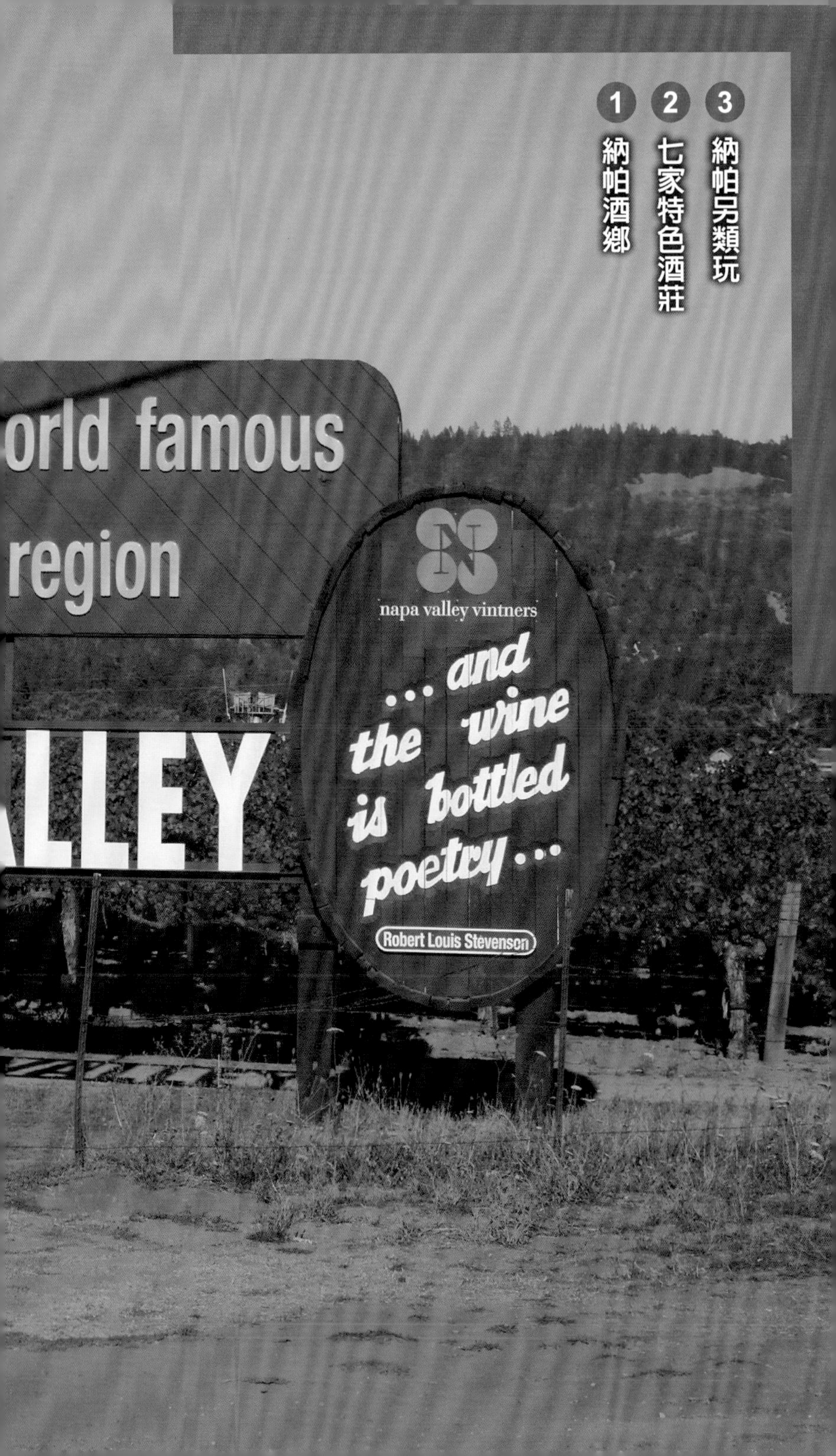

world famous
region

napa valley vintners

... and
the wine
is bottled
poetry ...

Robert Louis Stevenson

ALLEY

納帕酒鄉（Napa Valley）

　　納帕酒鄉的興起，背後隱藏著這麼一段光輝榮耀的故事：1976 年，正值美國獨立紀念兩百週年，英國品酒大師暨葡萄酒商史蒂芬史普瑞爾（Steven Spurrier）邀請了九位葡萄酒專家，在巴黎舉辦了一場國際矚目、最後改變了葡萄酒歷史的「巴黎品酒大賽」（Judgement of Paris）。事實上，這場比賽最初就不是場公平競爭。專賣法國葡萄酒的史蒂芬急欲證明新世界的葡萄酒不可能與歷史悠久的法國葡萄酒相比擬，不僅特地精選法國頂級產區的葡萄酒參賽，邀集的評審團更全數是法國人。比賽過程採盲品（Blind tasting）方式，分別評比十支法國勃艮第產 vs. 加州產的夏多內白酒（Chardonnay）、以及十支法國波爾多產 vs. 加州產的蘇維濃紅酒（Cabernet Sauvignon）。賽後法國評審們信心滿滿地相信冠軍將是祖國產的美酒，沒料到結果一揭曉，紅白酒雙料冠軍竟皆由美國小鎮納帕的酒莊一舉拿下，震撼國際，更振奮了納帕葡萄酒產業的發展。如今，納帕以釀製頂級葡萄酒聞名，僅 56 公里長、8 公里寬的山谷內，林立了四百多家大小酒莊。

　　納帕酒鄉擁有得天獨厚的少雨型地中海氣候，日間陽光燦爛普照、夜晚海風清涼，使得葡萄能緩慢且均衡地熟成，讓口味循序發展。而其歷史活躍的地層作用，讓腹地精巧的山谷竟能富含多達三十三種土壤系列，適合多種葡萄品種栽植，配合酒莊群各自開發的熟成、釀造技術，創造出包羅萬象的葡萄酒口味！納帕酒鄉最著名的白葡萄酒品種為：夏多內（Chardonnay）、白蘇維濃（Sauvignon Blanc）。紅葡萄酒品種為：蘇維濃紅酒（Cabernet Sauvignon）、梅洛紅酒（Merlot）、黑皮諾紅酒（Pinot Noir）與金芬黛紅酒（Zinfandel）。

　　遠道而來舊金山，不妨將這傳奇的納帕酒鄉規劃入行程內，在和煦暖陽下穿梭滿坡遍野的葡萄園、走訪充滿故事性的特色莊園酒窖，見證世界級美酒的釀造過程，並細細品味納帕葡萄酒的微妙滋味。

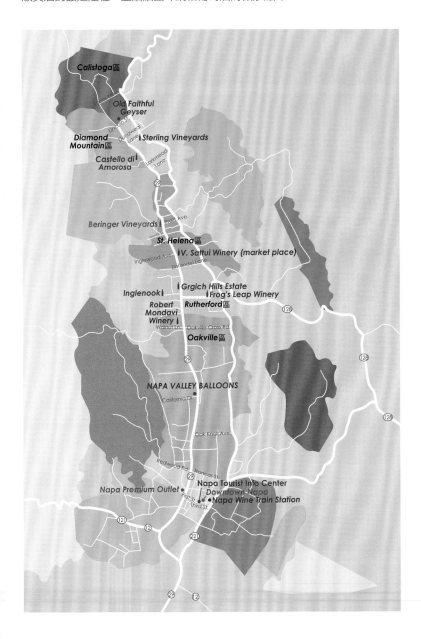

前進納帕

1. 自行開車：由舊金山市前往納帕酒鄉最省時又簡單的方式為開車。從市區上 I-80 州際公路，往東過海灣大橋，經過收費站後轉接 37 號公路朝西行駛，最後沿著 29 號公路一路向北，沿途便是一望無際的葡萄酒園和林立的酒莊群。行車時間約一小時（公路標誌簡記：I-80 E→37 W→29 N）。

2. 大眾運輸：若選擇搭乘大眾運輸往返舊金山和納帕山谷，可前往渡輪大廈搭乘瓦列霍渡輪（Vallejo Baylink Ferry）。抵達瓦列霍渡輪碼頭（Vallejo Ferry Terminal）後，緊接著在出口附近轉搭納帕市營 10 號公車（Vine Transit #10）；該公車往返於瓦列霍渡輪碼頭和 Calistoga 鎮之間，沿途靠站 Napa、Oakville、Rutherford、和 St. Helena。建議行前確認好酒莊位置，並與司機確認最接近酒莊的下車站。渡輪行船時間約 1 小時、轉乘公車至酒莊區另約 1.5 小時，公車 1 小時僅一班，需特別注意回程時間和班次！

Vallejo Baylink Ferry 渡輪
◎網站：sanfranciscobayferry.com/route/sffb/vallejo
◎Vine Transit #10 巴士
◎網站：ridethevine.com

七家特色酒莊

葛吉奇希爾斯酒莊
（Grgich Hills Estate）

酒莊創始人麥克葛吉奇（Mike Grgich）正是當年釀製傳奇的「1973 Chateau Montelena Chardonnay」夏多內白酒的釀酒師！於 1976 年「巴黎品酒大賽」中讓法國評審團驚豔不已，擊敗眾家參賽酒莊榮獲冠軍，為奠定納帕葡萄酒國際地位的最大功臣。賽後隔年，麥克創立了自己的酒莊，不僅在納帕酒鄉裡深受景仰，包括：美國雷根總統、柯林頓總統、法國總統密特朗，以及英國女皇伊莉莎白二世，皆在國宴上選用他的夏多內宴客。酒莊以夏多內白酒為經典酒款，酒質清澈，含熱帶水果與白桃滋味，尾韻藏礦石香氣，適合搭配海鮮或烤雞。以女兒為名的「Violetta」甜酒則如冰酒般香甜濃縮，尾韻含烤洋梨、柑橘花蜜的豐富滋味。

DATA
葛吉奇希爾斯酒莊
◎地址：1829 Saint Helena Highway, Rutherford
◎電話：707-9632784
◎網站：grgich.com
◎營業時間：每日 9:30am ～ 4:30pm
◎參觀費用：品酒 25 ～ 50 美金

愛之堡酒莊
（Castello di Amorosa）

　　精心仿造 13 世紀托斯卡尼式城堡莊園，莊主達里歐薩圖伊（Dario Sattui）為納帕酒鄉知名的釀酒家族第四代，對歐洲中世紀建築的熱愛幾近狂熱。達里歐年輕時曾前往法國勃艮第參觀某間 13 世紀古堡酒窖，卻被古堡主人以禁止拍照和素描為由掃地出門，憤而發下「要在納帕打造更好的城堡酒窖！」的願望。

　　接下來的數十年，達里歐奔走歐洲各地，耐心研究中世紀城堡建築設計、建造方法與建材，並從義大利與澳洲遊說具古堡建築經驗的建築師前來納帕，耗時十五年，終於完成夢想城堡的興建。城堡主體占地約 12 萬平方英呎，具有古典護城河、防禦堡壘、四層地窖，以及 107 間房間（其中 95 間目前用來釀酒與儲酒）。城堡外牆由 8,000 噸手工鑿刻的石磚打造，地窖則採用百萬個來自奧地利霍夫堡的歷史紅磚砌築，達里歐更精心從歐洲各地運來約兩百個貨櫃的建材與裝飾品，畫龍點睛。若參加酒莊的城堡導覽團，導遊將引領遊客進入城堡內如迷宮般的地下酒窖、釀酒大廳、以及陰森的地牢裡參觀，最後在洞穴般的私人地窖品酒室裡品嚐美酒。愛之堡酒莊以名為「夢想」（La Fantasia）的氣泡甜酒深獲女性喜愛，自然的甜美中蘊藏櫻桃、花卉和野莓香氣。

Data

愛之堡酒莊
◎地址：4045 North Saint Helena Highway
◎電話：707-9676272
◎網站：castellodiamorosa.com
◎營業時間：三至十月每日 9:30am ～ 6:00pm、
　十一至二月每日 9:30am ～ 5:00pm
◎參觀費用：自助參觀 25 ～ 35 美金、品酒導覽團
　40 ～ 50 美金

蒙大維酒莊
（Robert Mondavi Winery）

　　成立於 1966 年，為美國 20 世紀禁酒時期結束後興起的重要酒莊。酒莊創始人羅伯特蒙大維（Robert Mondavi），人稱「納帕葡萄酒教父」，對納帕葡萄酒的發展有著影響深遠的貢獻。蒙大維改變傳統以產區標示葡萄酒的法式作風，首創以葡萄品種標示酒標，淺顯明瞭，至今已成新世界葡萄酒的標準標示法。若形容法國釀酒為藝術天分派，那麼蒙大維則是技術革新派。他在納帕推廣低溫發酵技術，引進科技溫控之不銹鋼發酵桶，來搭配法國小橡木桶的陳釀法，大幅提升了納帕葡萄酒的品質與產量。酒莊的經典白酒為蒙大維於 1966 年親手研發、命名的「Fumé Blanc」（白色煙霧）白蘇維濃，具有柑橘果香、哈蜜瓜與檸檬馬鞭草風韻。而名為「Momentum」的混釀紅酒，則濃郁複雜得令人回味。

Data　蒙大維酒莊
◎地址：7801 St. Helena Highway, Oakville
◎電話：888-7666328
◎網站：robertmondaviwinery.com
◎營業時間：每日 10:00am ～ 5:00pm
◎參觀費用：品酒導覽團 20 ～ 55 美金

蛙躍酒莊（Frog's Leap）

　　由二十世紀初的古養蛙場改建而成，鄰近納帕河谷（Napa River）的蛙躍酒莊，產出的葡萄酒因充滿黑森林漿果的濃烈果香、和豐富的礦石風味出名。重視環境保育的酒莊主人約翰威廉斯（John Williams）堅持以尊重自然的「旱作種植法」做為蛙跳酒莊所有葡萄園的栽植程序：培育健康土壤且避免人工灌溉，不僅能節省高達60％的用水量，更促使葡萄藤往優質土壤的深層紮根，充分汲取納帕河岸自然沖積砂土質的礦物質風味，並使得葡萄藤果味更為濃縮、香氣更加濃烈，創造出酒體堅實且飽滿的口感。

　　走進蛙躍酒莊，彷彿來到中產階級家庭的鄉村度假木屋，不見豪華氣派的城堡噱頭，卻給予人自然樸質的古典鄉村感受。穿越過舒適的爐邊起居室與餐廳，來到面向後花園的門廊間，找張木桌椅坐下，讓專業酒侍為你斟酒、細細解說；或者端起酒杯，繞一繞花園池畔、瞧瞧有機菜園與葡萄園，在樹下的庭院搖椅上靜靜地沐浴陽光，享受遠離市區塵囂的自然寧靜。

DATA
蛙躍酒莊
◎地址：8815 Conn Creek Rd. Rutherford
◎電話：707-9634704
◎網站：frogsleap.com
◎營業時間：每日 10:00am ～ 4:00pm
◎參觀費用：品酒與導覽團 20 ～ 25 美金

薩圖伊酒莊（V. Sattui Winery）

　　19 世紀末來自義大利的薩圖伊釀酒家族，是近年葡萄酒大賽的常勝軍，擁有多支金牌蘇維濃紅酒、與金芬黛紅酒。除了紅酒表現優異，薩圖伊家族更將家鄉的乳酪市場引進酒莊，供應兩百種搭配品酒的乳酪、薩拉米肉腸等下酒輕食。春季至秋季的週末午後，莊園草坪架設起 BBQ 燒烤外燴，成為納帕酒鄉內最佳的野餐去處！

　　品完酒別急著走，不妨走進乳酪市場挑塊新鮮起士，領著色香味俱全的炭烤肋排與窯烤披薩，選塊綠樹林蔭的草坪席地而坐，享受納帕山谷溫暖的陽光。看著男士、女士們微醺穿梭長廊花園間談笑風生，彷彿置身富豪的私宅莊園，參與一場私人派對。

DATA

薩圖伊酒莊
◎地址：1111 White Lane, St. Helena
◎電話：707-9637774
◎網站：vsattui.com
◎營業時間：每日 9:00am ～ 6:00pm、
　烤肉外燴於週末 11:30am ～ 3:30pm
　（限春至秋季）。
◎參觀費用：品酒 15 ～ 20 美金、品
　酒導覽團 30 美金

爐邊酒莊（Inglenook Winery）

　　由五屆奧斯卡金像獎大導演─法蘭西斯科波拉（Francis Coppola），於 1975 年以電影《教父 II》票房盈利買下經營的百年古老酒莊。不論是藤蔓攀爬的石磚建築、宮廷式噴泉水池，或者精緻古典的木造裝潢，皆呈現給人電影裡黑手黨教父於西西里島上的豪宅印象。莊園以歷史悠久的「Rubicon」系列蘇維濃紅酒為旗艦酒款，除了品酒外，一至二樓的電影博物館則展示著科波拉私藏的古董攝影器材、曾在電影中出現的古董車、奧斯卡金像獎座、電影拍攝記錄等，成為影迷的朝聖地。

DATA

爐邊酒莊
◎地址：1991 St. Helena Highway
◎電話：707-9681100
◎網站：inglenook.com
◎營業時間：每日 11:00am ～ 4:00pm
◎參觀費用：品酒導覽團 50 美金

史特林酒莊（Sterling Vineyards）

　　成立於 1964 年，座落在納帕山谷北邊的卡利斯托加小鎮（Calistoga）山丘上，仿造希臘米克洛斯島（Mykonos）式灰泥白牆建築的史特林酒莊，以居高臨下、俯瞰納帕山谷的山林美景聞名。空中纜車是訪客進入酒莊的唯一方式，成為獨特的參訪體驗，以及熱門的賞景點。

Data
史特林酒莊
◎地址：1111 Dunaweal Lane, Calistoga
◎電話：800-7266136
◎網站：sterlingvineyards.com
◎營業時間：週一至五 10:30am ～
　5:00pm、週末 10:00am ～ 5:00pm
◎參觀費用：自助導覽 29 ～ 39 美金

納帕另類玩

高空熱氣球

　　想體驗飄揚在 2,000 英呎高空，將納帕山谷無限美景盡收眼簾嗎？那就趁著清晨納帕酒莊營業前，來趟熱氣球之旅！熱氣球導覽團於氣流穩定的日出升空，飛行時間約一小時。降落後，再回到香桐氣泡酒莊（Domaine Chandon）享受一杯免費香檳與自助早餐，為接下來的納帕品酒之旅補足體力。

> **Data**
> 高空熱氣球
> ◎熱氣球導覽團：NAPA VALLEY BALLOONS INC.
> ◎出發地點：1 California Drive, Yountville, CA 94599
> 　（Domaine Chandon Winery）
> ◎電話：800-2532224
> ◎網站：napavalleyballoons.com
> ◎費用：239 美金（需行前網路購票）

Photo courtesy of NAPA VALLEY BALLOONS INC.

品酒列車

　　跟隨著上個世紀的古董列車穿越納帕山谷，在復古華麗的桃花心木車廂中品嘗佳餚醇酒，同時欣賞窗外葡萄莊園的綠野風情，享受一趟古典優雅、輕鬆浪漫的酒鄉旅程。品酒列車往返納帕市區與納帕山谷北方的聖海倫娜鎮，旅程約三小時。除了單純的列車之旅，也可參加包含單家酒莊導覽的套票行程。

品酒列車
◎出發地點：1275 McKinstry St, Napa
◎電話：800-4274124
◎網站：winetrain.com
◎費用：99 ～ 289 美金（需行前網路訂票）

Napa Premium Outlets

不勝酒力的遊客除了欣賞納帕樸質的鄉村風情外，也可來名牌暢貨中心血拼一補缺憾。位於納帕的暢貨中心腹地小巧，卻仍集結了包括：Michael Kors、J. Crew Factory、Kenneth Cole、Coach Outlet、Cole Haan Outlet、Polo Ralph Lauren Factory、Tommy Hilfiger、BCBG Max Azria、Brooks Brothers、Gap、Samsonite、Levi's Outlet 等五十間熱門品牌折扣門市，不自覺就消磨半日時光。

Napa Premium Outlet
◎地址：629 Factory Stores Drive, Napa
◎電話：707-2269876
◎網站：premiumoutlets.com
◎營業時間：週一至六 10:00am ～ 9:00pm、週日 10:00am ～ 7:00pm

老實噴泉（Old Faithful Geyser）

納帕山谷北邊藏著一處世界聞名的間歇噴泉，每隔 30 分鐘噴發一次。噴泉源自地底河流，行經深層岩漿時沸騰集中在岩穴內，至壓力臨界點後向地表湧出噴發，高度可達 60 ～ 100 英呎。由於噴發間隔十分規律而被稱為「老實噴泉」，同時成為大自然的地震指標，若是出現異常延緩的情況，可是代表未來數星期內，附近將有地震發生呢！

老實噴泉
◎地址：1299 Tubbs Lane, Caslistoga
◎電話：707-9426463
◎網站：oldfaithfulgeyser.com
◎營業時間：三月中至八月每日 8:30am ～ 7:00pm、九至十月每日 8:30am ～ 6:30pm、十一月至二月中每日 8:30am ～ 5:30pm、二月中至三月中每日 8:30am ～ 6:00pm
◎參觀費用：9 ～ 15 美金

PART 7

全年
瘋節慶

舊金山節慶匯總
（SF Annual Festivals）

　　若比喻舊金山為「節慶之城」，可説一點也不為過。在這個城市裡，不僅有看不完的展覽、表演和各種新鮮事在區域角落輪番上演，一年四季更定期舉行不同主題的嘉年華會與傳統慶典。難怪當地人説，住在舊金山最幸福的事情，就是永遠都不會無聊！這趟來舊金山，除了遊覽景點風情、品嘗異國美食外，不妨共襄盛舉，參與一年僅有一次機會的特殊節慶，感受這個城市的生命力！

2月：農曆新年大遊行 & 中國城街頭博覽會
（Chinese New Year Parade & Chinatown Street Fair）

　　舊金山的中國新年慶祝活動可歸溯至 1860 年代的淘金時期，華人移民為了追本溯源、傳承中華文化而舉辦，至今已成為亞洲區之外最大的中國新年慶典。慶典的兩大重頭戲為：新年大遊行與中國城街頭博覽會。慶祝活動通常舉辦在農曆新年後兩週的週末，日期依每年農曆春節時間調整。

大遊行由第二街與市場街交叉口為起點，遊街至中國城。遊行團體於行進間表演中國雜技、踩高蹺、中樂演奏等，最後則由百人舞弄共29 節、268 英呎長的金龍壓軸。大遊行過後便是連兩日的中國城街頭博覽會，彷彿進入中國文化大觀園，街頭展示著布袋戲、布偶秀、燈籠、風箏、書法與書畫等，光是一個周末便吸引六十萬人次參與。

　　詳情可查詢活動網站：chineseparade.com。

3 月：聖派翠克遊行與嘉年華
（St. Patrick's Day Festival）

　　每年的 3 月 17 日，是愛爾蘭人
向其國家守護神、將天主教信仰傳入
愛爾蘭且發揚光大的聖人派翠克致敬
的紀念日。聖派翠克節雖然在美國並
非國定假日，但居住在此為數眾多
的愛爾蘭人仍沿襲傳統大肆慶祝。舊
金山的聖派翠克節慶祝活動已有超過
一百六十年的歷史，大遊行由市中心
第二街出發，沿著市場街走到市政中
心廣場。嘉年華會中能一邊品嘗愛爾
蘭小吃，同時欣賞現場音樂表演。此外，慶祝聖派翠克節的不成文規定是：
每個人身上都要穿戴綠色元素，或是身著具綠色三葉草圖形的帽子和飾品，
遊行結束後大夥人續攤至愛爾蘭酒吧，暢飲愛爾蘭綠啤酒！如有機會於 3
月分來到舊金山，不妨準備幾套綠色衣物以便入境隨俗！

　　詳情可查詢活動網站：saintpatricksdaysf.com。

4 月：日本城櫻花季與大遊行
（Cherry Blossom Festival）

　　隨著北加州櫻花盛開，舊金山日本城於每年 4 月中旬
的連續兩週末，舉行盛大的櫻花季慶典。節慶重點包括：
和平五重塔周邊的日本手作市集、茶道、劍道展覽、各式
日式小吃攤，以及由市政中心遊街至
日本城的大遊行（Grand Parade）。遊
行的吸睛焦點包括：動漫變裝遊街、
日本民俗舞蹈表演、太鼓道場演奏，
以及熱血沸騰的日本傳統「扛神轎」
神社祭典，為北加州最大的櫻花季
慶祝活動。詳情可查詢活動網站：
sfcherryblossom.org。

5 月：越灣變裝馬拉松（Bay to Breakers Race）

　　若在 5 月的第三個週日來到舊金山，千萬別錯過讓灣區年輕人陷入瘋狂的變裝馬拉松。從 1912 年創辦至今，這項變裝活動其實是個 12 公里的馬拉松賽事，從舊金山市東岸碼頭區一路跑到西岸大洋海灘。不過整場盛會的趣味之處倒不是馬拉松賽事本身，而是跟隨著馬拉松跑者後頭，在賽道上變裝遊行的無厘頭民眾！舊金山民眾在這天成群結隊、絞盡腦汁地設計變裝主題，以奇裝異服參與遊行。就算不加入變裝也沒關係，不妨趁早前往位在馬拉松路線上的阿拉莫廣場（Alamo Square），瞧瞧令人傻眼噴飯的趣味裝扮！

　　詳情可查詢活動網站：baytobreakers.com。

6月：同性戀大遊行（San Francisco Pride）

　　為宣揚人權平等理念，從 1972 年開始，舊金山同性
戀與雙性戀人權非盈利機構（LGBT）固
定於 6 月的最後一個週末，舉辦展覽
與遊行。展覽由市政府前廣場向周邊延
伸，涵括四個街區，共數百家攤位，以及主舞
臺音樂表演，歌手 Lady Gaga 就曾在這裡登場
演唱。同性戀大遊行則於週日上午，由金融區
沿市場街行進至第八街，每年吸引約兩百隊團體與機構參加。活動
兩日募集的款項將投入舊金山同性戀人權的推廣、愛滋病防護、癌
症醫療、幫助流浪漢與動物保育等公益基金。

　　詳情可查詢活動網站：sfpride.org。

7月：費爾摩爵士音樂節（Fillmore Jazz Festival）

　　1985 年創辦，於美國國慶日後第一個週末展開的費爾摩爵士音樂節，號稱美國西岸最大型的免費爵士音樂慶典，連巨星瑪麗蓮夢露、影帝克林伊斯威特都曾前來共襄盛舉。活動兩日，費爾摩區的十二個街口被全面封街成為露天音樂步道，藝術攤位林立，展售手工藝品、爵士樂相關商品等，並可品嘗多國美食料理和夏日啤酒，沿途聆聽來自各地的爵士樂手現場演奏，曼妙起舞。

　　詳情可查詢活動網站：fillmorejazzfestival.com。

8月：境外之土夏日音樂會
（Outside Lands Music and Arts Festival）

　　雖從 2008 年才開辦，但由於歷屆都能號召來不同的大卡司參與，包括：史帝夫汪達、保羅麥卡尼、嗆紅辣椒、繆斯樂團、電臺司令等都曾前來開嗓，讓境外之土夏日音樂會晉升為北加州最熱門的音樂盛事，即便入場門票昂貴（至少 250 美金），每年仍搶購一空！想參加的樂迷得早於 4 月分上網搶票。音樂會於每年 8 月初，連續三日於舊金山金門公園舉辦。碩大的公園內劃分為數個舞臺表演區、美食區，從早到晚由多達六十組大小樂團接連登場表演，堪稱一場位在森林裡的盛大夏日音樂嘉年華會。

　　詳情可查詢活動網站：sfoutsidelands.com。

9 月：索薩利多藝術節（Sausalito Art Festival）

　　每年九月初美國勞工節週末，來自全美逾兩百五十位得獎藝術家、新銳藝術家們齊聚金門大橋北方的臨灣小城索薩利多，搭棚展示藝術作品，種類涵括畫作、雕塑、陶藝品、玻璃藝品、紡織品、木雕、攝影等，吸引超過三萬名藝術愛好者與收藏家前來尋寶。如今的索薩利多藝術節更結合了灣區美食、加州美酒、和音樂表演，充滿了浪漫優美的文藝氣息。

　　詳情可查詢活動網站：sausalitoartfestival.org。

9 月：福森街成人嘉年華（Folsom Street Fair）

　　若說舊金山最怪異驚悚的街頭嘉年華，則非 9 月底在下城區的十八禁成人嘉年華莫屬。每年的這個星期日從早上 11 點至傍晚 6 點，在福森街、與第七街至第十二街口之間，民眾大膽赤裸、或扮成皮衣怪客、奇裝戀癖狂，搬出私家收藏的 SM 刑具，直接在大街上展示起令人臉紅心跳的娛虐幻想。

　　詳情可查詢活動網站：folsomstreetevents.org。

10 月：藍草音樂節
（Hardly Strictly Bluegrass Festival）

　　最初名為「完全藍草」（Strictly Bluegrass），表演融合蘇格蘭、愛爾蘭民謠、美國鄉村音樂、和藍調，而興起的新型態美國民俗音樂類型。但隨著歷年音樂節規模的極速成長，其他音樂類型的歌手與樂團也紛紛加入演出，音樂節於是改稱為「Hardly Strictly 不再那麼完全地藍草」（Hardly Strictly Bluegrass）。每年藍草音樂節招集了近百名樂團參與，輪流在金門公園裡的數個舞台演出，民眾可免費入場，吸引人潮滿山谷！若有特別想欣賞的樂團，最好及早前往占位。記得攜帶足夠的飲用水、防曬用品與遮陽工具！雖然已進入十月分，但舊金山的夏天才正開始。

　　詳情可查詢活動網站：hardlystrictlybluegrass.com。

10月：海軍艦隊週（Fleet Week）

　　10月的第二個週末，美國海軍與海軍陸戰隊艦艇例行停泊舊金山灣展示。為期五日的海軍艦隊週期間，內河碼頭區一路至漁人碼頭區成為各艦隊停泊點，民眾能免費登上難得一見的航空母艦，在現役軍官的帶領下參觀軍艦內艙，甚至坐上戰鬥機、運輸機、直升機、坦克、登陸艇與裝甲車的內部一探究竟！此外，艦隊週的活動高潮為世界著名的藍天使特技飛行隊（Blue Angels）表演，機會難得。觀賞飛行表演的最佳位置在吉瑞德利廣場前的海洋公園（Aquatic Park），或是濱海綠地公園（Marina Green Park），遊客席地野餐，一邊享受港灣風情和精采的特技演出。

　　詳情可查詢活動網站：fleetweek.us。

附錄

實用資訊

時差

　　舊金山時間比臺灣慢 16 小時。每年 3 月第二個週日至 11 月第一個週日為「日光節約時間」，比臺灣慢 15 小時。

撥打電話

1. 美國打臺灣市話：011（國際冠碼）＋ 886（臺灣國碼）＋ 2（區域碼，臺北為例）＋ 1234678（電話號碼）

2. 美國打臺灣手機：011（國際冠碼）＋ 886（臺灣國碼）＋ 987654321（手機後九碼）

3. 臺灣打美國市話與手機：002（國際冠碼）＋ 1（美國國碼）＋ 415（舊金山區域碼）＋ 1234567（電話號碼）

4. 美國打境內他區：1（美國國碼）＋ 718（區域碼，紐約為例）＋ 1234567（電話號碼）。若撥打本區電話則直撥電話號碼即可。

網路

　　如需大量使用行動網路，出國前可向臺灣行動通信業者申請國際漫遊服務，例如：臺灣大哥大（taiwanmobile.com）、中華電信（emome.net）、與遠傳電信（fetnet.net）皆提供美國漫遊上網「七日計量型」優惠方案，20MB 收費 299 ～ 349 臺幣、50MB 收費 699 ～ 799 臺幣。採買方案需特別注意各家電信業者配合的美國網路通訊商，於美國漫遊上網時，首先需確認手機上顯示的使用網路為合作廠商，才適用優惠價格。若臨時需使用網路，機場、博物館、圖書館與大型購物中心皆提供免費 Wi-Fi 無線上網。多數連鎖咖啡店亦提供 Wi-Fi 無線上網，有時需向店員詢問登錄密碼。

消費稅與小費

舊金山消費稅為 8.75％。於餐廳與酒吧結帳時需支付小費，一般以消費稅前金額的 15 ～ 20％為標準。此外，搭乘計程車小費約 10 ～ 15％、飯店清潔小費每日 2 ～ 5 美金、行李侍者每件行李 1 美金。

營業時間

公司行號上班時間通常為週一至五 9:00am ～ 5:00pm、銀行與郵局為週一至五 9:00am ～ 5:00pm、商店與購物中心為 9:00am ～ 8:00pm，實際時間依各公司規定稍有差異。

飲酒年齡

21 歲，進入酒吧或購買酒類均須出示身分證明，如護照。

郵資

由舊金山寄往臺灣的普通郵件與明信片（First-Class Mail）郵資 1.1 美金，超過 1 盎司之大型郵件與航空包裹需依秤重收費，可至網站預估郵資（ircalc.usps.com）並查尋最近的郵局據點和營業時間（tool.usps.com）。

電壓與插座

頻率 60、電壓 120V，插座為三孔插頭，頂部為兩平行扁腳孔、底部一圓頭孔，可與臺灣插頭共用。

單位換算

溫度：攝氏（℃）＝華氏（℉）－ 32×5÷9
長度：1 英呎＝ 0.3048 公尺、1 吋＝ 2.54 公分
重量：1 磅＝ 0.45 公斤、1 盎司＝ 28.35 克

免費旅遊資訊

1. 舊金山旅遊局：sanfrancisco.travel
2. MUNI 公車路線查詢：sfmta.com
3. 灣區大眾運輸系統時刻表與路線規劃：511.org
4. 舊金山市步行遊覽團：sfcityguides.org
5. 舊金山新聞與氣象：sfgate.com
6. 舊金山餐廳訂位網站：opentable.com
7. 舊金山博物館免費日：freemuseumday.org

緊急應變對策

護照遺失

若護照遺失，應儘速向當地警察機關報案，並攜帶以下文件親自至駐舊金山臺北經濟文化辦事處申請「遺失護照補發」，費用 45 美金，約二至三週可取件：

1. 警察機關報案證明。
2. 護照遺失說明書。
3. 填寫「中華民國普通護照申請書」。
4. 六個月內拍攝之護照證件相片 3 張。
5. 中華民國身分證（若具美國護照與綠卡也需一併攜帶查驗）。

> **Data**
> 駐舊金山臺北經濟文化辦事處
> ◎地址：555 Montgomery St.
> ◎電話：415-3627680
> ◎網站：taiwanembassy.org
> ◎上班時間：週一至五 9:00am ～ 4:30pm、每月第一個週六 9:00am ～ 12:00pm

機場行李遺失

失物招領處位於第一航廈，週一至週五 8:00am ～ 8:00pm，電話：650-8217014

舊金山醫院 24hr 急診室

1. St. Francis Memorial Hospital
   地址：900 Hyde St.　電話：415-3536000　網站：saintfrancismemorial.org
2. Kaiser Permanente Hospital
   地址：2425 Geary Blvd.　電話：415-8332000　網站：kaiserpermanente.org
3. UCSF Medical Center
   地址：505 Parnassus Ave　電話：415-4761000　網站：ucsfhealth.org

緊急電話

1. 警察、救護車：911
2. 駐舊金山臺北經濟文化辦事處之急難救助專線：415-2651351（專供車禍、搶劫、被捕等緊急求助用）
3. BART 捷運警察：510-4647000
4. 大眾捷運交通查詢：511

國家圖書館出版品預行編目資料

舊金山自助超簡單 / 郭芷婷文.攝影. -- 二版. --
臺北市 ： 華成圖書，2017.04
　面 ； 　公分. -- (GO簡單系列；G0315)
ISBN 978-986-192-299-7(平裝)

1.自助旅行 2.美國舊金山

752.77169　　　　　　　　　　　106002196

GO簡單系列　G0315

舊金山自助超簡單

作　　者／郭芷婷 (Natalie Kuo)

出版發行／ 華杏出版機構
　　　　　華成圖書出版股份有限公司
　　　　　www.far-reaching.com.tw
　　　　　11493台北市內湖區洲子街72號5樓（愛丁堡科技中心）
　　　　　戶　　名　　華成圖書出版股份有限公司
　　　　　郵政劃撥　　19590886
　　　　　e - m a i l　　huacheng@email.farseeing.com.tw
　　　　　電　　話　　02-27975050
　　　　　傳　　真　　02-87972007
　　　　　華杏網址　　www.farseeing.com.tw
　　　　　e - m a i l　　fars@ms6.hinet.net
　　　　　華成創辦人　　郭麗群
　　　　　發 行 人　　蕭聿雯
　　　　　總 經 理　　蕭紹宏
　　　　　法律顧問　　蕭雄淋・陳淑貞

　　　　　企劃主編　　蔡承恩
　　　　　責任編輯　　楊心怡
　　　　　美術設計　　陳秋霞
　　　　　印務主任　　何麗英

定　　價／以封底定價為準
出版印刷／2014年3月初版1刷
　　　　　2017年4月二版1刷

總 經 銷／知己圖書股份有限公司
　　　　　台中市工業區30路1號　　電話　04-23595819　　傳真　04-23597123

☺ 讀 者 回 函 卡

謝謝您購買此書，為了加強對讀者的服務，請詳細填寫本回函卡，寄回給我們（免貼郵票）或
E-mail至huacheng@email.farseeing.com.tw給予建議，您即可不定期收到本公司的出版訊息！

您所購買的書名/_____　購買書店名/_____

您的姓名/_____　聯絡電話/_____

您的性別/□男 □女　　您的生日/西元_____年____月____日

您的通訊地址/□□□□□_____

您的電子郵件信箱/_____

您的職業/□學生 □軍公教 □金融 □服務 □資訊 □製造 □自由 □傳播
　　　　□農漁牧 □家管 □退休 □其他

您的學歷/□國中（含以下） □高中（職） □大學（大專） □研究所（含以上）

您從何處得知本書訊息/（可複選）

□書店 □網路 □報紙 □雜誌 □電視 □廣播 □他人推薦 □其他

您經常的購書習慣/（可複選）

□書店購買 □網路購書 □傳真訂購 □郵政劃撥 □其他_____

您覺得本書價格/□合理 □偏高 □便宜

您對本書的評價（請填代號/ 1. 非常滿意 2. 滿意 3. 尚可 4. 不滿意 5. 非常不滿意）

封面設計_____　版面編排_____　書名_____　內容_____　文筆_____

您對於讀完本書後感到/□收穫很大 □有點小收穫 □沒有收穫

您會推薦本書給別人嗎/□會 □不會 □不一定

您希望閱讀到什麼類型的書籍/_____

您對本書及我們的建議/

www.far-reaching.com.tw

〔華杏出版機構〕

華成圖書出版股份有限公司　收

11493 台北市內湖區洲子街72號5樓（愛丁堡科技中心）
TEL/02-27975050

（沿線剪下）

（對折黏貼後，即可直接郵寄）

本公司為求提升品質特別設計這份「讀者回函卡」，懇請惠予意見，幫助我們更上一層樓。感謝您的支持與愛護！

www.far-reaching.com.tw 　　　請將 G0315 「讀者回函卡」寄回或傳真 (02) 8797-2007